AF215015

AUCH JERUSALEM
HAT KRALLEN

Kurze Geschichten und Alltagsanekdoten
über, vor, in, neben und hinter Jerusalem

Christin Löchner

© 2017 Christin Löchner
Umschlaggestaltung & Grafik: Anne Maria Trautmann
Satz: Matthias Ebert
ISBN: 978-3-74487-447-2

✻

Als Gott die Verrückten über die Welt verteilte, so erzählt man sich, tat er das mit einem Salzstreuer. Ein paar Merkwürdige hier, eine Prise Wahnsinniger dort. Gleichmäßig sollten all die sonderbaren Menschen auf dem Planeten verteilt sein.

Doch als Gott mit dem Streuer über Jerusalem war, fiel ihm der Deckel ab.

Ups.

Zwar war HaSchem von dem Fauxpas peinlich berührt, sah aber keine Veranlassung, den Haufen zu minimieren. Hat ja auch niemand gesehen.

Vorbemerkung

Jeder, der schon einmal in Israel war, viel darüber gelesen hat oder die Geschehnisse verfolgt, weiß um die Anziehungskraft, Widersprüchlichkeit und Vielfältigkeit des Landes samt seiner Gesellschaft. Das gilt noch mehr für die Hauptstadt Jerusalem. Das Leben hier ist pure Sozialisationsumkehr und bedarf einer ordentlichen Portion Selbstdisziplin. Zwischen Faszination und Entsetzen befindet sich nicht mal ein schmaler Grat, der einen Mittelweg zulassen würde. Alles, was hier passiert ist in entgegengesetzte Richtungen intensiv. Die Religionsmetropole ist ein Ort, an dem man ausgiebig Feste feiert, Kultur und Geschichte genießt, lacht, aber auch genug Gründe hat, Tränen zu vergießen. Man fühlt sich in ihr gelähmt, obwohl man ständig unterwegs und von rasanter Bewegung umgeben ist. Ein Platz, der einen oftmals inmitten von Hitze ins kalte Wasser schmeißt. Während dieser Intensitäten trifft man auf Menschen und erlebt Situationen, die gänzlich unwirklich erscheinen. Die Stadt besteht aus und lebt von »Hä?«-Momenten. Mehr noch: Verrücktes begegnet einem als Normalität, so dass man den Eindruck gewinnt, die einzig merkwürdige Person an diesem Ort zu sein. Und je länger der Aufenthalt, desto mehr steigt die Wahrscheinlichkeit, sich auf irgendeiner Ebene anzupassen. Dann ist man punktuell selbst schon dem Wahnsinn verfallen. Möchte man heraus aus diesem Zustand und dieser Stadt, so will man im nächsten Augenblick auch schon wieder zurück. Kafkas Verhältnis zu Prag ist hier besonders gegenwärtig. Jerusalem hält einen fest, hat Krallen und lässt nur in dem Versprechen los, wiederzukommen.

Inhaltsverzeichnis

Pzaza metakteket – Lebensmittelgeschichten

Neulich war ich auf dem Jerusalemer Markt einkaufen. Ein Mann hinter ganz vielen Früchten verbuddelt schrie im Sekundentakt:

»Yom huleded schel ananas!«, die Ananas hat Geburtstag.

Ich dachte bei den ersten zehn Mal, dass ich mich verhöre. Woher kennt man denn den Geburtstag einer Obstsorte? Und wenn der so gut mit der Ananas befreundet ist, kann er mich ruhig mal den Orangen vorstellen. Deren Geburtstag wollte ich auch schon immer wissen und bin der Meinung, dieser sollte ebenso gefeiert werden.

Fasziniert zog es mich immer wieder in die Nähe dieses Standes. Ich kaufte mir einen Eiskaffee, setzte mich auf einen kleinen Platz zwischen dem Getummel und lauschte dem Verkäufer.

»Yom huledet schel ananas!«

Der Typ meint das wirklich ernst. Er feiert den Geburtstag der Ananas. Und er will, dass wir alle eine kaufen und eine Ananasparty schmeißen.

Auf dem Weg nach Hause machte ich noch einen Stopp im Supermarkt. Ich mag diesen nicht besonders. Doch bleibt mir derzeit nichts anderes übrig, denn mein bisheriger Lebensmittelhändler musste schließen. Der Besitzer hatte vergessen, seine Steuern zu zahlen. Diese ehrliche Notiz hing genau so an allen Filialen im gesamten Land. Da kennt die israelische Bürokratie nichts: Alle Läden bleiben zu, bis der letzte Agora bezahlt ist. Den Besitzer scheint dieser Zustand nicht zu stören. In den letzten drei Monaten war es ihm jedenfalls nicht so wichtig, sein Geschäft wieder auf Vordermann zu bringen, und so rechne ich auch jetzt nicht mit einer baldigen Wiedereröffnung.

In meinem neuen Supermarkt sitzt eine Kassiererin, deren Hauptanliegen darin besteht, mir beim Abkassieren einen Vortrag über das PayBack-System der Verkaufskette zu halten. Wenn ich ihr dann erzähle, dass ich mangels Interesse leider kein Teil ihres wunderbaren Systems sein kann, fällt sie aus allen Wolken. Als ob ich nie geantwortet hätte, erklärt sie mir alles nochmal ganz genau auf Englisch und Russisch, um bloß die Möglichkeit auszuschließen, meine Ablehnung läge in der Sprachdifferenz begründet. Denn niemand, der Hebräisch versteht, würde auch nur auf die Idee kommen, die PayBack-Karte abzulehnen. Israelis lieben Pay-Back-Karten! Mittlerweile tut es mir sogar ein bisschen leid, sie immer wieder enttäuscht zurückzulassen. Ich schwöre mir dann, nächstes Mal zu einer anderen Kasse zu gehen, um sie nicht wieder so traurig zu machen. Nur gibt es da ein kleines Problem: Als würden die anderen Kunden diese Frau schon besonders gut kennen, sind die anderen Kassen jedes Mal überfüllt mit Menschen, Waren und Wägen. Man lässt sich in Israel im Allgemeinen und hier im Besonderen viel Zeit beim Abkassieren. Und beim Einpacken. Und verbraucht bei dieser Gelegenheit noch tausend Plastiktüten pro Einkauf. Ich habe keine Geduld. Und weil mir meine Zeit zu wichtig ist, höre ich mir am Ende lieber die PayBack-Story in drei verschiedenen Sprachen an.

Ich war mittlerweile hungrig und ging in die Schawarma-Bude um die Ecke. Dort saß ein Mann und biss gerade genüsslich in sein gefülltes Fladenbrot. Ich weiß nicht mehr wie, aber wir kamen ins Gespräch. Wahrscheinlich lag es daran, dass wir die einzigen Kunden waren. Jeder redet in diesem

Land mit jedem, sich in Ruhe lassen ist hier nur schwer möglich. Der Mann erzählte mir von seiner derzeitigen Tätigkeit, Trancepartys in der Wüste zu veranstalten und lud mich auch sogleich ein. Israel ist berühmt für ihre Wüstenfeten. Was mir viel interessanter als Trance in der Hitze erschien, war das riesige Spinnentattoo auf seinem Unterarm. Ich schaute nickend auf das Ding.

»Das ist ein Andenken an meine Reise nach Costa Rica, da war ich ein halbes Jahr«, erklärte mir der kräftige, glatzköpfige Mann.

»Alles klar«, sagte ich und schmunzelte. »Ich dachte immer, man lässt sich nach so einer Reise eine Palme mit dem Namen seines Urlaubflirts als Beweis stechen, dass man auf alle Ewigkeiten in Kontakt bleibt.«, fügte ich nach einem Biss in meinen Schawarma hinzu. Mein Gegenüber lächelte und begann die Entstehungsgeschichte dieser Körperbebilderung zu schildern, welche viel weiter als die eigentliche Reise zurückreichte. Denn bevor dieser lächelnde Mann nach Zentralamerika aufbrach, war er Bombenspezialist. Genauer gesagt, er baute welche. Telefonbomben. Mit denen sorgte er dafür, dass so einige Terroristen ihre Köpfe verloren.

»Es war nicht einfach«, sagte er. »Insbesondere Terrorführer haben ihr Telefon nicht länger als ein paar Wochen, und demnach ist es schwierig, ein bearbeitetes Telefon einzuschleusen.« Er nahm einen Schluck aus der Cola-Dose. Er gab den Beruf irgendwann auf, um auf andere Gedanken zu kommen und flog zum Wandern nach Costa Rica. Dort verlief er sich allerdings und lebte drei Monate im Urwald Costa Ricas, weil er die Orientierung verloren hatte und nicht fähig war, allein zurückzufinden. Schließlich wurde er von einem Suchtrupp aufgegabelt.

Ich schaute ihn ungläubig an.

»In drei Monaten«, sagte ich, »hat man doch sicher schon jeden Millimeter des Landes abgelaufen.«

Aber was weiß ich denn schon über Costa Rica. Zudem fällt mir auch kein anderer Grund ein, warum man sich sonst freiwillig eine Spinne tätowieren lassen würde.

Zurück von einem Leben voller intensiver Erfahrungen begab er sich schnurstracks in die Trance-Szene, die sich nun im Negev austobt.

Während der Mann dem Imbissbesitzer und mir von seinen Zukunftsplänen erzählte, schweiften meine Gedanken ab und ich fragte mich, welche Leute denn bloß immer auf solche Musikevents tuckeln. Ich erinnerte mich an das Treiben auf dem Schuk, vor allem an den Mann vom Obststand und stellte mir vor, wie der Typ in seiner Freizeit bei einem der unendlichen Trancesongs der Ananas einen Geburtstagstanz aufführt.

＊

Es war Purim. Das fröhlichste Fest des Judentums, zu dem sich das ganze Land in eine Riesenparty verwandelt. Dass dem so ist, liegt allerdings nicht nur an Purim selbst. Es ist eine Eigenschaft Israels, Feste gemeinsam zu feiern. Zu jedem nur denkbaren Anlass verwandeln sich die Innenstädte zu einer großen Konzert- und Ausgehmeile. Das wichtigste an diesem Fest ist allerdings die Verkleidung – und der Rausch. Um Letzteres zu erreichen, tanzen die Menschen den ganzen Abend ausgelassen und trinken so viel Alkohol, wie sie nur können. Selbst die Orthodoxen sind so richtig betrunken, denn es ist eine Mitzwa, also ein Gebot Gottes, nicht mehr bei Sinnen zu sein. Schade nur, dass die Exzessverordnung Gottes nur für Purim gilt. Dem einen oder anderen Chassiden würde ein zweites oder drittes Purim im Jahr sicher gut tun. Dem Rabbanut sowieso.

Ich war gerade dabei, mir einen Vodka-Orange-Kokos-Mix in meinen unökologischen Plastikbecher einzuschenken, als ein Mann im Aladdin-Outfit neben mir an der Bar komplizierte Tanzmoves zu einem von Beyoncés Kreischsongs präsentierte. Dazu bewegte er seine Lippen silbengenau mit. Beyoncé hätte sein Auftritt sicherlich gefallen. Da sie aber nicht da war, nickte ich stellvertretend höflich-beeindruckt. Wenige Augenblicke später unterbrach der Mann seine Show und fragte mich sichtlich verwundert, warum ich nicht tanze.

»Magst Du Beyoncé etwa nicht?«

Dabei sah er mich so besorgt an, als würde mir etwas fehlen.

»Nun ja, zugegebenermaßen hatte ich keine Zeit, die Choreografie von Destiny's Childs ›Survivor‹ fertig zu üben«, antwortete ich scherzhaft und nahm einen Schluck aus dem Becher.

Der junge Mann zog die Augenbrauen hoch.

»Hä? Das ist Beyoncé ?!?!?"=§()?!«

Ich präzisierte: »Na Destiny's Child ?!!elfelf!!!? Beyoncés Musikprojekt vor ihrer Solokarriere. Sie war eine der Leadsängerinnen und somit Teil einer der erfolgreichsten Girl-Groups auf diesem Planeten.«

Der Mann starrte fassungslos. Es stellte sich heraus, dass er die berühmteste Girl-Group meiner Jugend gar nicht kannte – Aladdin war neunzehn ...

Kabbala – Mystische Begegnungen

Eine Freundin lud mich letztens zu einem kabbalistischen Lernkreis ein. Zugegebenermaßen erschien mir (religiöse) Esoterik bisweilen fremd. Das einzige Mal, als ich mit so etwas wie Magie in Berührung kam, war, als ich aus Versehen beim Zauberarzt meines damaligen Wohnortes gelandet bin, welcher mittels Armdrücken meine Bronchitis heilen wollte. Neben den berühmten Zuckerkügelchen gab er mir kleine Ampullen Salzwasser, die ich jeden Abend, gen Westen sitzend, einnehmen sollte. Ich fand solch Heilungsstrategien damals schon schräg.

Aber nun, da man schon mal im Heiligen Land ist, fällt es auch nicht mehr auf, wenn man sich mit verrückten Dingen beschäftigt. Deshalb habe ich jüdische Mystik auch gleich zu meinem akademischen und persönlichen Studienvorhaben erklärt. Es muss ja einen Grund geben, warum insbesondere in den letzten Jahren die Kabbala einen enormen Aufwind erfuhr. So sagte ich zu.

Mit der Kabbala verhält es sich ungefähr so wie mit dem Huldufólk auf Island. Obwohl das Fundament mystischen Ursprungs ist, geht trotzdem jeder davon aus, es sei real. Mein Lieblingsphilosoph der Religion, Baruch de Spinoza, hätte das wohl als eine *falsche Idee* bezeichnet. Also als etwas, dem man zustimmt, obwohl es auf Fiktion basiert.

Da saß ich nun mit anderen an einem großen Marmortisch und hörte gespannt zu. Ein Rabbi aus Beit Schemesch verriet uns im langen Monolog etwas über die Kraft der Zahlen. Insbesondere die Sieben hat es ihm angetan. Kein Wunder. Denn wenn es so etwas wie eine religiöse Glückzahl gibt, dann ist es für das Judentum gewiss die Sieben. Nicht zuletzt aufgrund der Schöpfungsgeschichte symbolisiert sie Vollendung und verbindet Geist und Materie. Aber das nur am Rande. Der Rabbi redete unermüdlich und verlor sich in seinen eigenen Buchstaben. Nach anderthalb Stunden schweifte ich ab. Ich fragte mich auf meiner Gedankenreise, was wir Germanen eigentlich aus dieser heiligen und mystischen Zahl machen.

Ah, richtig, Märchen.

Da der Gelehrte wohl noch eine Weile reden würde, hatte ich nun genug Zeit, selbst eine Geschichte zu kreieren. Ich stellte mir vor, wie die sieben Zwerge zusammen mit Schneewittchen ihre sieben Berge zurücklegen, um die sieben Geißlein zu treffen. Allerdings vergaßen die Zwerge den Schlüssel und mussten noch einmal zurück. Die Geißlein warteten ewig am Treffpunkt und waren schon schlecht gelaunt. Doch hinter dem Gebüsch lauerte schon der hungrige Wolf mit seinen Freunden, den sieben Raben, und wartete nur auf den Moment, die Geißlein angreifen zu können.

Wie das alles weiter- und ausging, weiß ich leider selbst nicht. Ich kam vorher wieder zur Besinnung. Aber da es ein Märchen ist: bestimmt gut. Zurück in der Realität hatte sich nichts verändert, alle starrten noch immer den Kabbala-Rabbi an und ich nahm einen Schluck aus einem Riesenbecher, in dem sich Öko-Tee befand. Zur Zuhörerschaft gehörte neben mir noch ein Ingenieur und zwei Kabbala-Therapeuten. Die Therapiemethode letzter beiden besteht darin, Kontakt zu deinem früheren Leben aufzunehmen und eine Brücke zwischen deinem derzeitigen Ich und dem deiner Vergangenheit herzustellen. Meine Freundin ist eine von ihnen.

Nach zweieinhalb Stunden Vortrag kam der Rabbi zum Ende. Mein Gehirn war voller mir bislang fremder Informationen und ich hatte sicherlich vier Liter Öko-Tee im Bauch. Jedenfalls fühlte ich mich beim Aufstehen wie eine laufende Teekanne.

Am selben Abend, der Rabbi und die anderen waren schon längst wieder bei ihren Zauberfamilien, saß ich bei meiner Freundin auf dem Sofa. Sie fragte mich, ob sie mal meine früheren Leben kennenlernen dürfe. In der Kabbala geht man davon aus, dass um uns herum zahlreiche Seelen schwirren, die immer wieder in einen neuen Körper eintauchen. Zumindest so lange, bis ihre Zeit abgelaufen ist.

Wir sind also alle besessen.

Jedenfalls sei das der Grund, warum es in dieser spirituellen Welt so etwas wie Seelenverwandtschaft oder mehrere Leben gebe. Ich überlegte nicht lang und stimmte zu. Denn wenn das so ist, wollte ich auch schon immer mal meine früheren Leben kennenlernen. Meine Freundin nahm meine Hand und verschwand sogleich in eine Art Trance. Ich sollte mitmachen, schloss aber nur die Augen. Natürlich hatte ich gar keine Ahnung, was man machen muss, um von selbst in einen anderen Zustand zu geraten. Normalerweise trinke ich dafür einen Becherovka Lemon. Aber ich bin ja auch kein Profi und sicher nicht die Erste, der das so ergeht. Meine Freundin fragte, was ich wissen wolle.

Redet sie noch mit mir oder schon mit dem Geist?

Ich schwieg. Sie fing an zu erzählen, dass sie einen kleinen Jungen zwischen neun und elf Jahren sieht. Sein Name war Friedrich. Es war Anfang der 1920er.

Friedrich? Ernsthaft? Meine Seele scheint ja weder zeitlich noch territorial weit geschwirrt zu sein. Sie hat es nicht mal über die Grenze geschafft. Naja, jedenfalls habe ich nun endlich eine Erklärung für meine Bequemlichkeit. Viel mehr erfuhr meine Freundin von dem Neunjährigen allerdings nicht. Denn der Junge rannte auf einmal vor ihren Augen weg – und wurde dabei von hinten erschossen.

Der Arme.

Oder sollte ich lieber sagen: Ich Arme?

Keine zwei Minuten später sah meine Freundin eine Frau. Diesmal waren es die 50er. Sie beschrieb die Dame als äußerst schön, um die vierzig mit mehreren Kindern. Auch sie war dabei, viel zu früh aus dem Leben zu scheiden.

Meine Freundin unterhielt sich nun mit dieser Lady, beziehungsweise flüsterte sie vor sich hin. Der Sterbenden sei es wichtig, mir eine Lebensweisheit auf den Weg zu geben, flüsterte mir meine Kontaktperson nun etwas lauter zu.

Ich solle relaxt bleiben, war ihr Tipp.

Meine Enttäuschung war groß. Ist der erkrankten Dame bewusst, dass sich meine – oder besser gesagt unsere – Seele bislang offensichtlich viel zu früh aus den Körpern verabschiedete, es nicht aus dem deutschsprachigen Raum heraus schaffte und nicht länger als dreißig Jahre außerhalb eines Körpers blieb? Wie soll man denn bei so viel Rastlosigkeit zur Ruhe kommen? Soll ich meiner Seele Hausarrest verpassen? Auch meine Freundin bestätigte mir nach dieser Reise, dass mein Seelenzyklus äußerst ungewöhnlich sei. Ich weiß bis heute nicht so recht, was ich mit den gewonnen Informationen anfangen soll. Denn nun sitzt dieses Ding eben in mir. Ich kann nur hoffen, dass meine Seele etwas länger Lust hat, mich zu bewohnen, als die beiden anderen Menschen. Und vor allem, dass sie noch eine Existenzkapazität von einer Milliarde Jahren besitzt. Denn dann ist die Chance groß, dass meine Seele nicht vor dem biologischen Verfall meines Körpers verschwindet und ich irgendwann mittendrin ohne sie auskommen muss. Ob das überhaupt möglich ist, konnte mir die Therapeutin, obwohl sie dafür jahrelang in New York studiert hatte, leider auch nicht beantworten.

Ich fühlte mich nach dem langen kabbalistischen Tag jedenfalls selbst etwas mystifiziert. Wie die Zahl sieben. Aber für Jerusalemer Verhältnisse wahrlich noch unterdurchschnittlich.

*

Der Bus war mal wieder überfüllt. Während ich mich an zahlreichen Menschen vorbeiquetschte, sprang plötzlich ein Junge auf und bot mir seinen Sitzplatz an. Ich musste lächeln und schaute mich dabei verwundert um. Siebenundneunzig Prozent der sich im Fahrzeug befindenden Personen waren mindestens fünfundzwanzig Jahre älter als ich. Sie schienen dem Jungen völlig egal zu sein. Er blickte mich fragend an und gestikulierte. Ich schüttelte den Kopf.

Wenige Haltestellen weiter stieg ich aus.

Mein Weg führte an einem kleinen Einkaufsladen vorbei. Es ist der Lieblingsladen im Kiez. Bekannt und beliebt für seine Mitarbeiter, denen man gern sein Geld für die überteuerten Produkte schenkt. Außerdem hat der rund um die Uhr geöffnet und rettete die Studierenden des Bezirks schon so einige Male vor Heißhunger, Zigarettenmangel und was einem sonst noch in den Sinn kommt.

Ich hatte Lust auf einen Energydrink.

Ich weiß auch nicht, warum ich dieses Zeug hier so oft trinke. Mein Geschmack macht, was er will. Ich esse und trinke Sachen, die ich woanders nie zu mir nehme. Neben literweise klebriger Industriedrinks, habe ich hier auch ständig ein Mentos im Mund. Sicherlich liegt die verputzte Anzahl davon schon im siebenstelligen Bereich.

Ich legte die blaue Getränkedose auf das Band.

Die Dame an der Kasse nahm das Getränk, starrte mich verwundert an und fragte, ob sie meinen Personalausweis sehen könne. Ich lachte. Da ich keinen Ausweis habe, bot ich ihr alternativ meinen Studierendenausweis an. Sie stimmte zu und händigte mir nach kurzer Überprüfung die Büchse aus.

Als ich den Laden verließ, überlegte ich kurz, ob man sich hier von alt zu jung transformiert. Zumindest fällt mir keine andere Stadt ein, in der man erst einen Sitzplatz angeboten bekommt und nur wenige Minuten später bei dem Kauf eines Energydrinks nach dem Ausweis gefragt wird.

A yom tov a shejner – Chanukka

Es ist Winter geworden in Jerusalem. Nachts hüllt sich die Stadt in eisige Temperaturen, tagsüber zeigt sie sich von ihrer vorzüglichsten Seite. Es ist der Tag vor dem Beginn des achttägigen Chanukka-Fests, meinem allerliebsten Lieblingsfest. Nicht nur, weil ich das ganze Jahr auf das Anzünden von Kerzen verzichte, um es dann acht Tage lang durchgehend zu tun, sondern auch, weil ich die Geschichte des Tempelwunders mag.

Aber nicht nur die des Tempels. Im Grunde mag ich alle Wunder- und Spukgeschichten.

Chanukka ist ein nachbiblisches Fest. Dass es keine Erwähnung im Tanach findet, bekommt man heutzutage vor allem dadurch zu spüren, dass alle zur Arbeit oder in die Uni schlurfen müssen, anstatt wie bei biblischen Festen auszuschlafen und die ganze Zeit zu essen. Wie schade. Ein bisschen mehr Zeit zum Gedenken an Wunder hätten hier alle verdient.

Das erste Lichterentzünden wollte ich dieses Jahr am heiligsten Ort des Judentums verbringen. Die Gruppe mit der besten Abkürzung in der Welt: die WOW (Women of the Wall), zündeten zum ersten Mal an der Frauensektion der Klagemauer die Chanukkia an. Ich mag die WOW. Und das nicht nur wegen ihrer Abkürzung. Sie setzen sich seit Jahren gegen die alleinige ultraorthodoxe Verwaltung der Kotel durch das Rabbanut ein und praktizieren religiöse Gleichberechtigung, indem sie ebenso wie die Männer an jedem Monatsanfang die Torarolle ausbreiten und sich Gebetsriemen anlegen. Sie brechen mit der ultraorthodoxen Tradition. Immer wieder kommt es deshalb zu Auseinandersetzungen. Doch mittlerweile konnte die WOW einen wichtigen Erfolg verzeichnen: Die Regierung beschloss eine dritte Sektion an der Mauer entstehen zu lassen, an der das Beten so möglich ist, wie man will. Eine Art Bet-Anarchosektion. Jedenfalls verdeutlicht der Beschluss, dass die Klagemauer für alle da ist und nicht nur für den ultraorthodoxen Teil des Judentums.

Das Rabbanut schäumt vor Wut.

Doch noch gibt es diese Sektion nicht. Also bedurfte es erst der Immunität einer Knesset-Abgeordneten, um eine Chanukkia zur Klagemauer zu bringen. Ich war zu spät. Als ich ankam, konnte ich den Leuchter schon von Weitem stehen sehen. Doch zu meiner Verwunderung war der größte Teil des Platzes abgesperrt und voller Sicherheitspersonal. Die Sicherheitsmänner taten ihren Job und ließen niemanden mehr herein – Frechheit, protestierte ich. Doch es war nutzlos. So ging ich spazieren und schaute nun von einer Erhöhung auf die an der Klagemauer tanzenden Frauen. Während ich in Gedanken dort unten mittanzte, fuhren drei schwarze Autos auf das Gelände, gefolgt von zwei weißen Vans sowie einer Kolonne von Motorrädern.

Achsooo. Der Ministerpräsident. Deswegen durfte sich niemand mehr hineinbewegen. Kurz dachte ich, ihn begleitete der deutsche Bundespräsident, welcher sich zeitgleich zu einem Kurzbesuch in der Heiligen Stadt aufhielt, um mit Juden zusammen ein Fest zu feiern. Interreligiöser Dialog, für den er ja eintritt. Aber nichts da. Zum Feiern hat man bei einer politischen Mission keine Zeit. Dabei finde ich, sollte das ein größerer Bestandteil solcher Missionen sein. Doch war er schon auf dem Weg zu Abbas. Und Netanyahu kam allein.

Während ich dem Spektakel zusah, kam ein weiß gekleideter Gelehrter auf mich zu. Er lächelte und echauffierte sich sogleich darüber, dass sich die drei schwarzen Autos aufwendig durch die viel zu kleine Gasse drängten, um den einzigen Hinterhof der Kotel zuzustellen.

»All das Parkchaos! Und solch ein Durcheinander allein aus dem Grund, weil wohl nur Netanyahu selbst weiß, in welchem der drei Autos er gerade sitzt.«

Ich musste grinsen. Die Essenz des Meckerns erinnerte mich etwas an Deutsche. Die nörgeln auch gern über Unnötiges wie schräges Parken. Doch richtiges Nörgeln will gelernt sein. Ich wollte herausfinden, ob ich es besser kann. So hob ich den Zeigefinger und sagte, wie unerhört es sei, nicht beten zu können, nur weil sich der Ministerpräsident mit Hilfe unserer (!) Steuern Vorrang verschaffte!

»Und der kleine Gottesfürchtige, wie unsereins, muss mal wieder auf der Strecke bleiben!«, schloss ich an.

Ich wartete auf ein zustimmendes Nicken. Doch genossen wir nicht dieselben Mecker-Plätzchen. Denn von dem Gelehrten erntete ich nichts weiter als einen prüfenden Blick.

Na, so schlecht war das auch nicht ...

»Was willst Du denn an der Klagemauer?«, fragte mich der ältere Herr erstaunt.

»Du bist doch nicht jüdisch, oder?«

»Na hören Sie mal«, entgegnete ich entsetzt.

Hier in der Altstadt muss man aufpassen, was man sagt. Deswegen schlüpfe ich auch in die Rolle einer Auserwählten. Also fuhr ich fort:

»Wie kommen Sie denn auf die Idee, dass ich nicht jüdisch sei? Woran wollen sie das denn sehen? Ist es meine Kleidung? Was passt ihnen denn an meiner Kleidung nicht? Ist mein Rock nicht lang genug? Sind die Ärmel zu kurz? Da verbringe ich seit Jahren den ersten Abend von Channukka an der Kotel und nun wird auch noch bezweifelt, dass ich jüdisch bin. Wissen Sie, sogar die Women of the Wall zünden heute das erste Licht an, sind die ihnen auch nicht jüdisch genug? Unmöglich. Wenn wir Juden, b'esrat Ha'Schem, nur einmal wenigstens einander vertrauen würden!«

Zugegeben, ich habe übertrieben. Wenn ich hier aber eins gelernt habe, dann ist das Wichtigste beim Glaubhaftsein, echauffiert zu reden wie ein Wasserfall.

Der Mann war jedenfalls erst einmal ruhig.

»Ich wollte Ihnen nicht zu nahe treten«, entschuldigte er sich nach kurzem Innehalten.

Ist recht so, dachte ich in meiner Rolle, solch frevelhafte Unterstellung ist ja auch unerhört.

»Aber gut, du bist keine Goja, ich spreche sowieso nicht mit Nichtjuden.«

Sag ich doch. Man muss hier aufpassen, was man sagt. Nur einen Augenblick später schien ihm aufgefallen zu sein, was ich in meinem Anfall an Empörung noch gesagt hatte, und so brabbelte er:

»Ojwawoj, die Woman of the Wall, ojwawoj, die wollen eine Bracha sprechen. Das ist nicht gut, sie alle kommen nicht in den Himmel, ojwawoj.«

Ich wusste nicht, ob er mit sich selbst sprach oder mit mir. Aber da ich nun einmal neben ihm stand, tat ich einfach so, als wäre sein Gemurmel an mich gerichtet.

»Ich denke, die Frauen wissen schon was sie tun. Und was soll denn Ha'Schem schon dagegen haben, wenn man ihn halachisch korrekt ehrt?«

»Sie haben einen kleinen Akzent«, antwortete er, als hätte ich ihn aus seinen Gedanken geweckt, »woher kommen Sie? Aus Europa? Polen?«

»Aus Deutschland.«

»*Wie?* Es gibt euch da noch?«

»Ja, natürlich. So erfolgreich waren die Deutschen dann glücklicherweise doch nicht.«

»Baruch Ha'Schem! Seid ihr Aschkenasen oder Sepharden?«

»Ashkenasen, natürlich.«

»Baruch Ha'Schem! Was ist Dein Vater? Doktor?«

»Nein, normaler Arbeiter.«

»Baruch Ha'Schem!«, schrie er nun noch lauter, »was bedeutet denn normaler Arbeiter? Millionär?«

Ich zog meine Augenbrauen hoch und sah ihn schweigend-prüfend an.

Irgendwie erinnerte mich sein Satz an innerjüdische Polemik, bei der es heißt, das ashkenasische Judentum besitze das Geld und das sephardische die Philosophie.

»Sag mal, junge Dame, hältst du eigentlich Schabbat?«

Na der springt aber in den Themen umher. Da wird mir ja ganz schwindlig.

»Nicht immer«, antwortete ich.

»Ojwawoj, das ist nicht gut! Du musst Schabbat halten, sonst kommst du in die Hölle! Sieh, als wir aus Ägypten kamen, sind achtzig Prozent in einer Nacht gestorben. Und achtzig Prozent halten hier nicht Schabbat. Wenn der Messias kommt, werden diese achtzig Prozent nicht in den Himmel kommen. Das ist nicht gut. Ojwawoj, verspreche mir, ab heute den Schabbat zu halten.«

Mir waren weder Zahl noch Zusammenhang schlüssig. Aber macht ja nichts, vielleicht ist er ja Kabbalist. Viel wichtiger erschien mir die Frage, wieso er sich nur so darum sorgte, ob ich in den Himmel komme. Kann ihm doch ganz recht sein, die Women of the Wall und mich zumindest in der Olam HaBa'a vom Hals zu haben.

»Wissen Sie«, merkte ich an, »ich denke, dass Ha'Schem großzügiger ist, solange man nur gottesfürchtig genug ist.« Und hob abermals meinen Zeigefinger, als könnte ich einem religiösen Menschen wie ihm, der wohl sein ganzes Leben nichts anderes studierte als Talmud und Thora, noch etwas Lehrhaftes beibringen.

»Jaja, das ist auch wichtig. Sieh, vielleicht macht ihr Aschkenasen das ja anders, aber man muss aufpassen, nicht in die Hölle zu kommen.«

Jetzt bin ich mir sicher: So oft wie der von der Hölle spricht, kann er nur Kabbalist sein. Oder einfach verrückt. Denn unter herkömmlichen Umständen kann nicht einmal eine Hölle den jüdischen Rationalismus erschüttern.

»Was hältst du denn am Schabbat nicht? Kochst du? Schaltest du das Licht ein?«

»Nein, Gott bewahre!«, schrie ich. »Kochen? Ich verbitte mir solch eine Annahme! Doch fahre ich manchmal Fahrrad.«

Stimmt natürlich auch nicht, ich besitze nicht mal eins.

»Was? Das ist der Grund? Na, wenn es nur das ist … – Es ist doch erlaubt, Fahrrad zu fahren.«

»Nein, Herr, ist es nicht.«

»Gut, dann fahre doch einfach an den anderen sechs Tagen Fahrrad.«

»Da fahre ich Bus.«

»Verstehe.«

✳

Ein Freund betrat neulich den Raum und setzte sich neben mich.

»Christin, wo ist mein Boot?«

Mit großen Augen und einem leichten Lächeln betrachtete ich den dunkelhaarigen Mann.

Ich ahnte worauf er hinaus wollte, sagte aber nichts.

»Christin, du schuldest mir ein Boot. Wo ist es? Gib es mir!«

Mein Lächeln wurde breiter.

Noch immer nichts sagend nahm ich nun ein Blatt Papier und einen Stift. Auf dieser leeren, abgerissenen Seite begann ich ein U-Boot mit einem kleinen Hafen zu malen.

»Und es hat besser noch atomare Sprengköpfe!«, fügte er an.

Nach wenigen Minuten war mein Kunstwerk fertig.

»Da hast du dein Boot«, antwortete ich und schob ihn mein selbstgemaltes Rahav zu.

Rahav ist der Name eines U-Boots. Das bislang größte der israelischen Marine. In Kiel gebaut und vor nicht allzu langer Zeit nach Haifa geliefert. Dort wohnt es nun.

Mein Freund starrte auf mein in Amüsement gemaltes Bild und drehte sich anschließend zu mir:

»Das sieht aus wie ein Walross und ist ein Stück Papier.«

Während er diese Worte sprach, nahm er sein Feuerzeug und ließ mein Werk über dem Aschenbecher in Flammen aufgehen.

»Na, na, na, na, na«, sagte ich, half ihm aber letztendlich mit einem weiteren Feuerzeug bei seinem Projekt. Er hatte recht. Mein U-Boot sah aus wie ein Walross. Es besaß ein Horn,

und vor lauter künstlerischem Übereifer hatte ich sogar ein Fenster vorne rangemalt.

Als ob man für das fortschrittlichste Militärboot der Erde jemals ein Fenster bräuchte ...

Nessia tova – Busfahren

Weil wir gerade vom Bus sprachen: Viel lieber als mit dem städtischen, fahre ich Überlandbus. Vor allem, weil man oft das Gefühl hat, eher in das Wohnzimmer einer altersverrückten und sammelwütigen Oma einzusteigen als in ein Fahrzeug – außer in Tel Aviv, da macht es im Grunde keinen Unterschied, ob man im Stadt- oder im Überlandbus sitzt. Mancher Fahrerraum ist gefüllt mit schrillem Plastikgestrüpp oder Kuscheltieren. Letztere erinnern oft an die Kuscheltiere in diesen Greifautomaten, vor denen man zumeist frustriert steht, insbesondere je älter man wird, weil man zunehmend den Schwindel der nicht richtig greifenden Zange erkennt. Das ist auch der Grund, weshalb die Wahrscheinlichkeit, ein Kuscheltier zu ergattern, unter 0,5 Prozent liegt. Doch einige dieser Busfahrer müssen richtige Experten darin sein, solche Automaten zu bedienen und sie scheinen diese besondere Fähigkeit auch allen zeigen zu wollen. Meinen Neid haben sie jedenfalls. Und auch für den weiteren Dekorationsbedarf ist dank ausgewiesener Einkaufsmöglichkeiten gesorgt. Lange habe ich mir eingebildet, dass niemand ernsthaft auf die Idee käme, in den zahlreichen Krimskrams- und Ramschläden des Landes diesen toxischen Kitsch aus Plastik zu kaufen. Ich war überzeugt, dass diese Geschäfte nur aus Kunstgründen vorhanden sind – doch wurde ich eines besseren belehrt. Sehe ich einen ganz besonders liebevoll gestalteten Raum, jonglieren meine Gedanken in Albereien. Eine der immer wiederkehrenden Fragen ist dann, warum es in Israel alles an nur vorstellbaren Sicherheitskräften gibt, man aber für eine Geschmackspolizei keine Veranlassung sieht. Dass ich von diesen Innenräumen wunderbar fasziniert bin, merke ich vor allen Dingen daran, dass ich mich in solch einem hübsch dekorierten Bus immer besonders gerne ganz vorne hinsetze, sodass ich während der Fahrt genug Zeit habe, mir jedes einzelne Exemplar ganz genau anzugucken. Manchmal gibt es sogar Lichteffekte,häufig in der Farbe Rot. Dieses intensive Rotlicht verleiht den aufgehängten Stücken einen ganz besonderen Touch. Manchmal reicht statt der Innenausstattung auch nur der Fahrer selbst, um sich wie bei der Verwandtschaft im Wohnzimmer zu fühlen. So kann es passieren, dass er an einer Bushaltestelle hält und alle eingeschlafenen Passagiere weckt, um sie an ihren Ausstieg zu erinnern, man die gesamte Langstreckenfahrt hinweg Lieder wie *Country Roads* vorgeträllert bekommt oder das Radio so laut eingestellt ist, dass man annimmt, in eine mobile Disko eingestiegen zu sein. Letztens spielte einer die gesamte Fahrt das neueste Partylied *Ha'Chaim schelanu tutim* (Unser Leben ist erdbeerig). Was haben die Israelis eigentlich ständig mit dem Obst?

Vor nicht allzu langer Zeit verlor ich an einer Haltestelle meine an der Tasche umgehängte Jacke, ohne es zu merken. Trotz der Wärme ist es hier besonders klug, immer eine Jacke dabei zu haben. Die Wahrscheinlichkeit ist einfach zu groß, mit einem Eiszapfen an der Nase aus dem Bus zu steigen. Meine These ist mittlerweile, dass die meisten Israelis am liebsten in Island wohnen wollen würden. Aber das ist wohl ein Thema für sich. Der Fahrer bemerkte jedenfalls meinen Verlust und tuckelte langsam, hupend und gestikulierend neben mir her – ganz so, als ob er nicht gerade die viel zu enge Straße damit blockierte. So nett sind sie, die Busfahrer hier.

Ab und zu muss man aber auch etwas um sein Leben fürchten. Nicht selten werden andere Autos ausgebremst, wild angehupt oder kleinere Verkehrssignale wie etwa Stopp-schilder missachtet.

Neulich war ich vom Nordosten der Stadt auf dem Weg nach Hause. Es war spät, mitten in der Woche und ich die einzige einsteigende Person. Und da saß er, der soeben beschriebene Busfahrer. Ein Bilderbuch-Typ. Die Musik so laut aufge-dreht wie auf einem Rummelplatz, lächelte er und schrie mir mit tausend Nüssen im Mund »Erev tov« (Guten Abend) entgegen. Ich musste grinsen und war erstaunt, dass er es unter diesen Umständen tatsächlich schaffte, noch lauter als die Musik zu sein, ohne mich dabei mit halbzerkauten Nussteilen vollzusprudeln. Ich entgegnete mit einem ebenso höflichen »Erev tov« und setzte mich wie gewohnt ganz nach vorn, um die Reise besonders gut auf mich wirken zu lassen. Sogleich griff der Fahrer mit seiner Hand in die Geld-schale. Diese hatte er aber in eine Nussschale verwandelt, um während der Fahrt genüsslich knabbern zu können. Das Kleingeld sammelte er in seiner Hosentasche. Die war aller-dings so voll, dass in jeder Kurve mindestens drei Schekel auf den Boden fielen. Mit der einen Hand am Lenkrad und der anderen voller Nüsse drehte er sich um und hielt mir grinsend den kleinen Haufen entgegen.

»Achtung, rot!«, sagte ich geradeaus blickend und etwas panisch. Ich traute mich nicht meinen Blick abzuwenden und fand, wenigstens einer von uns sollte den Blick auf der Straße behalten. Der Fahrer machte eine erstaunliche Vollbremsung und kam noch rechtzeitig zum Stehen. Da kullerten sie wieder, die Schekel aus der Hosentasche. Mir war etwas schummrig.

»Nimm schon«, entgegnete er mir noch immer grinsend, als wäre das mit der roten Ampel gerade gar nicht passiert und erzählte mir dabei einen Witz. Ich stand auf und nahm zuhörend aus seiner Hand die winzigen, tellerrunden Nüsse. So richtig konnte ich mich auf seine Ausführungen nicht konzentrieren, einerseits wegen der lauten Musik, andererseits wollte ich mit meiner Konzentration seine selbst gewählte Ablenkung abfedern. Jedoch verstand ich zumindest die Pointe und so konnte ich ihm lächelnd-knabbernd zunicken. Ihm fiel noch einer ein, den er mit auch sogleich erzählte. Inzwischen waren wir schon in der Innenstadt – in nur sieben Minuten. Eine normale Fahrt auf dieser Strecke dauert locker fünfundzwanzig. Komischerweise wollte niemand anders in diesen letzten Partybus einsteigen – welch Erlebnis sie verpasst haben!

✳

Ich saß mal wieder in der üblichen Bar. Es war surreal, denn ein Bekannter fragte mich aus dem Nichts heraus, warum ich denn noch keinen Frieden gefunden habe. Ich schaute ihn verdutzt an. An schräge Gespräche hatte ich mich schon gewöhnt, aber manchmal überraschen mich Themenwahl und -zeitpunkt doch noch. Hoffentlich will er mit mir jetzt nicht bei einem Vodka-Cranberry über Jesus reden. Oder Moses. Oder Gott selbst.

Er schien sich sicher. Denn jetzt formte er seine Frage zu einem Aussagesatz:

»Christin, du hast noch keinen Frieden gefunden.«

Moooment.

Ich? Kein Frieden?

Mein Lebensmotto lautet: »Menschen sind auch nur Sonnenblumen!«

Das allein macht mich doch schon zur Friedensbotschafterin schlechthin! Ich war sichtlich empört. Doch redete sich mein Bekannter erst noch warm. Er war der festen Überzeugung, ich hätte meinen Platz in der Welt noch nicht gefunden. Unermüdlich, meinte er, würde ich umherirren, nur in der Hoffnung an einen Ort zu gelangen, an dem ich Frieden finden kann.

Wie kam der nur darauf? Hat der Typ eine Glaskugel gefunden? Weiß er um mein Seelenleben?

Naja, immerhin kein Jesus-Gespräch.

Anekdoten vom Terror

Apropos Frieden. Räusper. Es gibt Sachen in der Welt, die ich nicht verstehe, wie beispielsweise große Teile der Naturwissenschaften. Natürlich ist es möglich, sich Regeln der Mathematik, Chemie, Physik und Biologie anzueignen, aber lassen sich die Vorgänge für mich in ihrer Struktur nicht fundamental verinnerlichen. Ähnlich verhält es sich mit Terror. Bei näherer Analyse lässt sich durchaus nachzeichnen, warum Menschen Attentate begehen, jedoch fällt es schwer das Fundament der Motivation zu greifen, weil die Methode soweit weg von dem ist, was Humanismus, Koexistenz und vor allem Logik bedeutet. Ein Unterschied zwischen beidem besteht nur darin, dass mich Terror – anders als die Naturwissenschaften – fassungslos zurück lässt.

In diesen Wochen wieder besonders. Seit Tagen riecht es auf dem Unigelände und anderen Teilen der Stadt nach verbranntem Gummi oder was auch immer die Kids in Ostjerusalem wieder zum Anzünden finden. In den letzten vierundzwanzig Stunden ertönte jenes Alarmsystem, das bei einem Raketenbeschuss schrillt, vier Mal und in Hebron explodierte ein Mensch bei dem Versuch, seine Granate auf Soldaten zu werfen. Nur wenige Stunden danach rannte eine achtzehnjährige Frau in Jerusalem mit einem Messer auf einen Soldaten zu und verletzte ihn.

Die fanatischen Gottesanhänger scheinen dabei nicht zu merken, dass ihr Gott mit der Natur zwar einen in sich perfekt funktionierenden Lebensraum geschaffen hat, aber bei der eignen Subtanz Mensch etwas schief gelaufen sein muss. Vielleicht ist Gott bei der Erschaffung schon mal was runter gefallen. Der Beweis dafür wären sie jedenfalls selbst. Weil wir uns alle aber nun mal einen Planeten teilen müssen, führt diese von Menschen gestaltete Welt dazu, dass ich in meiner Mikrorealität in regelmäßigen Abständen E-Mails von der Universität mit dem Betreff *security updates* erhalte, in denen neben alltäglichen Verhaltensregeln und wichtigen Telefonnummern auch Orte benannt sind, die man am besten meiden sollte. Es ist zwar nicht so, als würde ich jeden Tag einen Spaziergang nach Hebron mit Umweg über Ost-Jerusalem machen, doch fährt mein Bus auf dem Weg zur Uni auch an ungemütlicheren Gegenden vorbei. Die dadurch sichtbaren Bilder von schwerstbewaffneten Sicherheitskräften, welche die öffentlichen Verkehrsmittel und Plätze kontrollieren, abgesperrte Straßenzüge und patrouillierende Streifenwagen, deren Insassen ihre Waffe schon für den Ernstfall bereit halten, erinnern vielmehr an Szenen aus Actionfilmen. Und auch die Menschen in der Stadt sind wachsam und begutachten in Bus und Bahn jede neu einsteigende Person. Die ganze Stadt hält sich für den Fall bereit, in der nächsten Sekunde auf das Unbekannte zu reagieren.

Mein Campus liegt auf einem Berg im Nordosten der Stadt, nur einen gefühlten Zentimeter von Ostjerusalem entfernt. Von dieser Erhebung hat man einen wunderbaren Blick auf Haba'il Hamdan und bis Mahjarat 'Atma hinaus. Das dürfte auch einer der Gründe sein, warum neben der Uni eine Militärbasis und -station existiert. Auf der Suche nach einem Feuerzeug kam ich neulich mit drei Soldaten ins Gespräch. Es war ein Donnerstagabend, kurz vorm Wochenende. Wir rauchten und unterhielten uns über unser Tun und das derzeitige Leben. Einer von ihnen sagte, dass er in Zeiten wie diesen nicht weiß ob er den nächsten Tag erleben wird. Aus diesem Grund spricht er jeden Tag mit den Menschen, die er liebt. Und nur zwei Minuten später verstand ich, wie realitätsnah seine Worte waren: Fünf palästinensische Jugendliche hatten sich zusammengefunden und warfen nur wenige hundert Meter von uns entfernt Steine auf alles und jeden, den sie treffen konnten. Sich auf dem Nachhauseweg befindende Studierende, Lehrende und Passanten wurden verletzt oder ihre Autos entglast. Die Stimmung kippte von einer Sekunde zur nächsten. Alles wurde hektisch. Zwei der drei Soldaten machten sich sofort bereit, die Soldaten der Militärbasis zu unterstützen und den Menschen einen sicheres Wegkommen zu ermöglichen. Sie rüsteten sich mit allerhand Gegenständen aus, deren Zweck ich nur erahnen konnte, und zogen in Richtung Basis. Zurück blieb ich mit Nir, der weiterhin Stellung auf der Militärstation halten sollte. Es war mittlerweile dunkel geworden und sehr kalt. Nir bot mir sowohl eine Jacke als auch eine Sitzgelegenheit an. Ich lehnte ab. Zugegebenermaßen fühlte ich mich nicht danach, es mir in dieser angespannten Situation gemütlich zu machen und romantisch vom Berg aus die Rauchschwaden in Ostjerusalem zu beobachten. Ein lauter Knall ertönte. Ich erschrak. Das letzte Mal, als ich ein ähnliches Geräusch vernommen hatte, war während des Konflikts *Protective Edge* im Jahr 2014. Ich war gerade in einer Küstenstadt nördlich von Tel Aviv schwimmen, als eine Rakete in der Nähe einschlug. Über Wochen hörte, sah und fühlte ich unzählige Raketen der Hamas oder des Iron Dome über meinen Kopf hinweg fliegen, doch niemals auch nur eine einschlagen. Noch heute erinnere ich mich genau an den Augenblick, in dem die Erde für einen Moment bebte.

Ich sagte zu Nir, dass es wohl besser sei zu gehen. Er stimmte zu. Ich gab ihm sein Feuerzeug zurück und legte meine Zigaretten sowie Süßigkeiten obendrauf. Beides hatte mich sehr gut durch den Tag begleitet, das wollte ich auch für diese in der Kälte stationierten Soldaten. Vielleicht eine Art Dankeschön. Oder Aufmunterung. Oder beides. Immerhin war es dank ihnen möglich, dass zahlreiche Menschen trotz der Steinwürfe nach Hause fahren konnten. Noch auf dem Rückweg las ich, dass in der Nähe versucht worden war, eine Handgranate auf die Soldaten zu werfen.

Am darauffolgenden Tag saß ich in der Uni-Bibliothek und lenkte mich mit Nachrichtenlesen ab. Ein Terrorist hatte in Tel Aviv einen Soldaten angegriffen, seine Waffe entwendet und ist mit dieser abgehauen. Es war einer der Tage, an denen ich die absurde Gesamtsituation mit Humor nahm.

»Der hat bestimmt die Munition vergessen«, sagte ich schmunzelnd zu einem Mitstudenten.

Diese ist nicht immer inklusive. Viele Soldaten tragen ihre Munition gesondert am Körper. David erklärte mir mal, dies sei besonders dann der Fall, wenn man während seines Armeedienst nur eine Grundausbildung im Umgang mit Waffen erhält. Ich kenne weder Armeestrukturen, noch habe ich etwas mit Waffen zu tun, aber wenn es einer wissen muss, dann David. Er gehörte zu einer Eliteeinheit der israelischen Armee, welche eine zentrale Rolle in allen Konflikten spielt. Es kam schon einige Male vor, dass David während seines viel zu kurzen Wochenendes wieder zurückgerufen wurde. Wahlweise um Terroristen zu suchen, festzunehmen oder die nördlichen Grenzen abzusichern. Um in dieser Einheit seine Ausbildung zu absolvieren, muss man äußerst schmerzaffin und belastungsresistent sein. David war aber ohnehin sonderbar. Seine äußere Erscheinung erinnerte mich an einem englischen Fußballhooligan aus den Neunzigern. Und wenn er betrunken war, benahm er sich irgendwie auch so: Er war laut, seine Sätze ohne wirklichen Zusammenhang und er tat dummes Zeug. Das Einzige was ihn dann noch von einem Hooligan unterschied war die Tatsache, dass er viel zu clever und gut erzogen war, um sich zu prügeln oder hasserfüllten Quatsch zu reden. Stattdessen sprang er lieber in seiner vierfachen Multilingualität umher und macht als belesener Mann geschichtsbezogene, kluge Witze – auch wenn die in überhaupt keinem Zusammenhang zum existierenden Gesprächkontext stehen. Aber zurück zur gestohlenen Waffe. Im aktualisierten Artikel las ich später, dass der Terrorist tatsächlich mangels Munition im Besitz einer nicht funktionstüchtigen Waffe war. Ich hätte gern seinen Blick gesehen als er realisierte, dass er nun ein ganzes Land gegen sich aufgebracht hat, ohne auch nur einem Menschen ein Haar krümmen zu können.

*

Ich war bei der Familie eines Freundes als der Vater an die Zimmertür klopfte, um mir zu sagen, dass das Mittagessen fertig ist.

»Aber wir haben doch erst vor eineinhalb Stunden ausgiebig gefrühstückt«, sagte ich mit einem verwunderten Blick auf die Uhr.

»Ja, aber es ist Winter, da muss man mehr essen, also komm.«

Ich schlürfte schmunzelnd in die Küche. Draußen waren es 25 Grad.

Sikaron – Erinnerungen

Israel besitzt auf religiöser und nationaler Ebene eine erstaunliche Erinnerungskultur. Sie unterscheidet sich komplett von dem, was in Deutschland unter Gedenken verstanden wird. Immer wieder wird sich über die Relevanz des Erinnerns, dessen Form und was es für einen selbst sowie für die Gesellschaft bedeutet, ausgetauscht. Gerade in der jüngeren Generation bestehen unzählige Vorstellungen, Wünsche und Ideen davon, Gedenktage zu begehen. Dadurch bleiben Erinnerungen lebendig und gegenwärtig.

Vor zwei Tagen stand ich auf dem Herzlsberg in Jerusalem. Es war Yom Ha'Sikaron. Das ganze Land erinnert an die Gefallenen israelischer Kriege und Terroropfer. Die Opferzahlen sind abstrakt, obwohl der Konflikt so konkret ist. Das macht den Tag so emotional und für mich zugleich schwer zu greifen. Am Yom Ha'Sikaron fahren die Menschen teilweise bis ans andere Ende des Landes, um jenen, die sie auf ihrem – meist jungem – Wege verloren haben, zu erinnern. Die traurige Wahrheit dieser Gesellschaft ist, dass hier nahezu jeder jemanden kennt, der in diesem Kontext starb. Sie alle verbindet der Verlust.

Die Gräber der tausenden Gefallenen sind auf dem Jerusalemer Herzlsberg nach Kriegen geordnet. Unzählige Menschen kommen jährlich zur zentralen Gedenkveranstaltung. Der nicht zu vergehende Schmerz wird für diesen Augenblick mit dem Rest des Landes geteilt. Bei Netanjahus Rede fand ich mich neben einem Jungen wieder. Nicht älter als sieben. Hinter ihm stand eine Frau mittleren Alters. Die Augen des Jungen waren rot und auf seiner Wange befanden sich getrocknete Tränen. Ich las den Grabstein. Gestorben bei der letzten Operation in Gaza 2014. Der Tote musste sein Vater gewesen sein. Ich kannte die gefallene Person nicht, doch war das Opfer in diesem Augenblick nicht abstrakt. Der Verlust bekam ein Gesicht. Das Gesicht seines Sohnes. Ich habe niemanden verloren. Und dennoch fühle ich mit, denn zu viele Biographien sind es, die in einem so aussichtslosen und komplexen Konflikt zurück bleiben mussten. Und sie steigen jährlich. Dieses Wissen lässt einen ernüchtert zurück.

Als ich am Abend in meine WG zurückkehrte, saßen meine beiden Mitbewohnerinnen und ich in unserer Wohnstube und unterhielten uns, wie wir den Tag verbracht hatten. Während Tal in ihr Kibbutz fuhr, um dort eines ehemaligen Mitglieds zu gedenken, reiste Liron an das Grab eines ehemaligen Mitglied ihrer Einheit. Sie beide können schon vom Krieg erzählen, obwohl wir im gleichen Alter sind, denn vor zehn Jahren waren sie in der Armee, als der Libanonkrieg ausbrach. Beide mussten Menschen zurücklassen. In solchen Augenblicken wird mir immer wieder bewusst, wie willkürlich das weltliche Sein die individuelle Existenz bestimmt. Wäre ich hier geboren, wäre ich wohl auch dort gewesen, in diesem Krieg. Und hätte, wenn ich nicht selbst getötet worden wäre, sicherlich auch ein bekanntes Gesicht verloren.

Genau eine Woche vor Yom Ha'Sikaron ist Yom Ha'Shoa. Ebenso ein Gedenktag. Diesmal wird an die Opfer des Holocausts erinnert. Anders als Yom Ha'Sikaron ist der Zivilisationsbruch und damit der Tag selbst, auch Bestandteil meiner Identität. Ich besuchte am Abend einen von Freunden organisierten Sikaron Be'Salon. Menschen, Gruppen oder Organisationen, die einen Raum zur Verfügung stellen können, öffnen an diesem Abend ihre Türen und laden

Überlebende und Familienangehörige ein, ihre Geschichte zu erzählen. Die Idee dafür entstand 2010. Dabei werden alle Teile der Gesellschaft eingebunden, Geschichte erhält einen intimen Raum und ist greifbar. So erzählt ein Veteran der Roten Armee, bekleidet mit allen nur vorstellbaren Orden und Abzeichen, von seinem Anteil an der europäischen Befreiung, eine Überlebende von ihrer nicht in Worte zu fassenden Erfahrung im Konzentrationslager oder eine Familie von der eigenen Spurensuche durch jene Länder, in denen ihre Wurzeln liegen. Allein in Jerusalem fanden sechzig solcher Veranstaltungen in fünf verschiedenen Sprachen statt. So erinnern die meisten Teile der israelischen Gesellschaft an das von Deutschen initiierte, organisierte und mit zahlreichen Kollaborateuren von nah und fern unterstützten Verbrechen.

Das Bemerkenswerte beider sich so nah liegenden und auf ihre eigene Weise intensiven Tage ist, worin sie schlussendlich münden: die Gründung und Existenz des israelischen Staates. Am Unabhängigkeitstag (Yom Ha'Atzmaut) füllen sich die Straßen im gesamten Land mit Musik, Freude und Liebe. Die Verknüpfung zwischen Erinnerung an den Verlust und das Leben ist einzigartig. Das Gefühl ist schwer zu beschreiben wenn man erst jenen gedenkt, die ihr Leben dafür gelassen haben, dass andere in wenigen Stunden die Existenz eines Staates feiern können, der das eigene Leben sicherstellen möchte. Schmerz und Trauer verwandeln sich zu Freude und in Hoffnung. Dieser lebensbejahende Geist, der sich in einer solch komplexen und bedrohlichen Realität wiederfindet, ist bewundernswert.

✻

Ich war eines morgens auf den Weg zum Ulpan als ein alter Mann mit Hornbrille im Bus auf mich zeigte, als ob er mich von einem Verbrechen wiedererkennen würde. Nur gut, dass ich keins begangen habe. Er sprach nicht, sondern wackelte aufgeregt seinen Finger in meine Richtung. Nach wenigen Augenblicken realisierte ich, dass es der Mann auf den Plastikbeutel in meiner Hand abgesehen hatte. Darin befanden sich Apfelstückchen. Äpfel aus dem Kibbutz meiner Mitbewohnerin. Ohne dass wir auch nur ein Wort miteinander wechselten, reichte ich ihm den Beutel mit der übrig gebliebenen Apfelhälfte. Er entriss mir das Plastiktütchen ohne eine dankende Geste, griff sogleich nach dem Apfel, ließ den Beutel auf den Boden des Busses taumeln, nahm einen Bissen von der Frucht, erhob sich, schmiss den Rest in den Mülleimer und stieg aus.

Shabbat menucha – Der Ruhetag

Der Shabbat hat eine große Bedeutung in der israelischen Gesellschaft und ist in Jerusalem sogar magisch. Kurz nach Sonnenuntergang duften die Straßen nach leckerem Essen aus verschiedenen Ländern und überall lassen sich Gesprächsklänge und Gesang wahrnehmen. Unabhängig davon, ob man am Freitagabend oder Samstag ein Ziel hat oder nicht, sollte man sich auf die Straßen der Stadt wagen und die friedliche Atmosphäre auf sich wirken lassen. Turbulente Zeiten scheinen für einen Augenblick zu pausieren, das Leben ist gefüllt mit Herzlichkeit. Ich würde sogar sagen: Der Charakter von Familie und freundschaftlicher Beziehungen ist nicht zuletzt wegen der wöchentlichen Zusammenkunft so intensiv.

Ich bin kein fester Bestandteil solch einer gesellschaftlichen Beständigkeit. Die einzige Beständigkeit an diesem besonderen Abend ist der Becherovka Lemon in der Bar gegenüber – was im Grunde auch schon eine Art Intimität ist. Manche mag es verwundern, aber selbst in der heiligen Stadt Jerusalem gibt es Lokalitäten, die am Shabbat geöffnet haben. Lizenzen vergibt man hier je nach Wohnlage, Straße und Geldbeutel. So ist es möglich, dass in manchen Gegenden der Ruhetag in Cafés und Weinbars begangen wird. In jüdisch-orthodoxen Wohnvierteln wäre so etwas unvorstellbar – wobei dort auch einiges andere unvorstellbar ist. Der Kiez, in dem ich lebe, hat sich in den letzten Jahren zum Studierendenviertel entwickelt. Trotzdem ist er vielseitig.

Wenn orthodoxe Gruppen am Freitagabend nicht gerade an den geöffneten Bars regelrecht vorbeirennen, bleiben sie manchmal vor ihnen stehen und flüstern sich etwas zu. Dass es noch nicht zu Protesten kam, wundert mich ein bisschen. Manche Orthodoxe haben es sich nämlich zur Aufgabe gemacht, die gesamte Stadt daran zu erinnern, das Shabbat ist – als ob man das hier je vergessen könnte. Eine Gruppe gelangweilter Chassiden läuft kurz vor Shabbat durch die Gegend und ermahnt – oder besser nervt – Händler und Autofahrer mit »Shabbes«-Gesängen. Ein paar besonders orthodoxe Männer stellen sich beispielsweise neben einen Obstverkäufer und sagen so lange »Shabbes«, bis dieser seine Erdbeeren einpackt. Googelt das mal.

Die meisten religiösen Israelis verschwenden ihre Zeit allerdings nicht mit Belehrungen. Sie versammeln sich lieber am Esstisch und singen. Dazwischen werden zusätzlich allerhand Neuigkeiten ausgetauscht. Denn Israel ist eine Tratsch-Gesellschaft. Und weil wir in Jerusalem sind, wird neben Gottes Privatleben auch das des Ministerpräsidenten auseinandergepflückt. Allerdings muss man bei dem derzeitigen Amtsinhaber auch sagen, dass er so einiges dafür tut, um sich einen Platz in den Gesprächskreisen zu sichern. Wenn er nicht gerade mit seinem übermäßigen Pistazieneiskonsum beschäftigt ist oder wegen Geldwäschevorwürfen bei israelischen Behörden herumsitzt, macht er seinen Job eben so, wie es ein äußerst intelligenter Mann seines Kalibers macht, wenn man Israels Wirtschaftsstruktur gegen Sicherheitsgarantien eintauscht. Seine Frau hingegen ist der eigentliche Star der Gossip-Szene. Einmal, zu einer Zeit, in der man den beiden wieder vorwarf, Geld verschwendet zu haben, kam sie auf die Idee, dem gesamten Land zu beweisen, in welch bescheidenen Verhältnissen die beiden wohnen. Sie bestellte Israels berühmtesten Innenarchitekten samt Kamerateam in die Ministerpräsidentenresidenz und zeigte ihnen die Küche. Alle waren beeindruckt, wie schlicht und simpel das Ministerpräsidentenehepaar lebte. Zumindest für eine kurze Zeit, denn nur wenig später stellte sich heraus, dass die gezeigte Küche gar nicht die ihrige war, sondern die des Personals. Der eigentliche Wohnbereich der beiden befindet sich ein Stockwerk höher. Es sind Räumlichkeiten, die nie jemand zu Gesicht bekommen wird, der nicht innig mit dem Paar befreundet ist – oder vielleicht ihre Stylisten, wobei ich mir nicht sicher bin, ob die überhaupt noch irgendwo hin dürfen. Denn das Paar kam zu einer öffentlichen Veranstaltung vierzig Minuten zu spät, weil Sara äußerst unzufrieden mit der Arbeit der Haarstylisten war. Lady Netanyahu soll aber ohnehin sehr viel Wert auf Perfektion legen. So dürfen unter anderem alle Schnittblumen im Haus nicht länger als ein Tag alt sein, sonst wird richtig gepöbelt, so zumindest der Vorwurf einiger Mitarbeiter. Zwei von ihnen zogen sogar vor Gericht und beschuldigten Sara Netanyahu insbesondere unter Alkoholeinfluss regelmäßig Personal beschimpft und in der Residenz randaliert zu haben. Die beiden Angestellten gewannen den Prozess und Lady Netanyahu zahlte eine Abfindung. Seitdem nenne ich sie liebevoll Riot-Sara. Allerdings auch nur weil ich neidisch bin, kein Geld für einen stattlichen Verbrauch von drei Flaschen Champagner am Tag zu haben.

✳

Es war ein grauer Morgen und die Stadt begann den Tag laut und hektisch. Wie jeden Tag um diese Uhrzeit, kam der Verkehr auch heute für eine gefühlte Ewigkeit zum Erliegen. Ich blickte aus dem Fenster. Am Rande der Hauptstraße lag ein Mann. Seine Arme und Beine waren auf dem einzigen Stück Rasen dieser nicht enden wollenden Asphaltstruktur ausgestreckt, die Augen geschlossen. Er lächelte und schien zwischen der enormen Geräuschkulisse und den Feinstaubpartikeln zufrieden.

Es regnete in Strömen.

Ego Trip – Plastik

Ich komme mir in diesem Land manchmal wie eine fanatische Umweltaktivistin vor. Wobei … einige richtige Umweltaktivisten würden das wohl bestreiten. Vor nicht allzu langer Zeit habe ich mich einmal mit einer entsprechenden Gruppe angelegt, die behauptet hatte, der neue Unterwasserzoo in Jerusalem sei eine Misshandlung von Tieren.

»So ein Quatsch«, protestierte ich, »den Tieren ist es wahrscheinlich ziemlich egal wo sie schwimmen. Und wenn es ein riesiges Becken mit sauberen, wohltemperiertem Wasser ist, bei dem auch noch die Verpflegung sichergestellt ist, dann sollte man sich nun wirklich nicht echauffieren und versuchen, den eigenen menschlichen Freiheitsbegriff auf andere Lebewesen zu übertragen.« Leider können wir nämlich im Gegensatz zu Dori kein Walisch sprechen und die Wesen einfach fragen.

»Solange die Menschen nicht den ganzen Müll aus den Gewässern fischen, präferiere ich Tiere lieber in einer sauberen Umgebung, denn wenn schon die Frage nach Misshandlung von Tieren im Raum steht, dann ist das ja wohl der derzeitige Zustand«, sagte ich. Daraufhin wurde ich eingeladen mitzuhelfen, Schildkröten an den Stränden Israels zu retten. Die verfangen sich nämlich auch ständig in Plastik.

Ich weiß nicht, warum ich mich überhaupt auf ein Gespräch eingelassen habe. Mich interessiert der Erhalt von Schildkröten, Eulen oder einem Sumpfgebiet eigentlich nur, solange Leute den Job machen, die wirklich Leidenschaft dafür mitbringen und mich damit in Ruhe lassen. Dass ich nicht in tausend Umweltverbänden aktiv bin, bedeutet natürlich nicht, dass ich die Natur bewusst verschmutze. Doch ist mein Mindestmaß an Ressourcenbewusstsein aus meiner

Sicht – und verglichen mit deutschen Zuständen – wirklich nur ein Mindestmaß. Während man sich in Deutschland darum schert, welches Leben das Tier vor dem Verzehr hatte, man gegen technologische Lebensmittelproduktionen demonstriert und auch sonst alles auf Bio, BioBio oder wirklich Bio setzt, dabei bloß nicht vergisst, jeden Schnipsel zu recyceln, kümmert dieser Wahn in Israel kaum jemanden. Hier werden Ressourcen noch so verschwendet, wie es sich für eine richtige Industrienation gehört. Zum einen, und damit wären wir wieder bei den Schildkröten, liebt man hier Plastikbeutel. Besonders auf dem Schuk: Hier bekommt man für jedes gekaufte Produkt einen dieser knisternden Beutel kostenlos dazu. Im Supermarkt hat man dafür mittlerweile einen unerhörten Betrag von zehn (!) Agurot eingeführt (zehn Agurot ist die kleinste und wohl sinnloseste Einheit im israelischen Währungssystem). Ich las kurz nach der Einführung, dass der Verbrauch in den ersten Wochen um über neunzig Prozent zurück gegangen sei. Verrückt.

Einmal sprach ich mit einem Bekannten über die israelische Liebe zu Plastiktüten und fragte ihn, warum man nicht einfach mit einem Rucksack einkaufen geht. Spart nicht nur Plastik, sondern ist auch besser zu tragen. Er habe einfach noch nie daran gedacht, war seine Antwort. Nur wenige Tage später traf ich ihn auf der Straße – mit einem Rucksack auf dem Rücken. Er erzählte mir stolz, dass er gerade vom Einkaufen komme. Ich grinste über beide Ohren und nickte lobend. Allerdings erschrak ich mich auch eine Sekunde später über mich selbst. Noch nie habe ich das Packverhalten eines Menschen kommentiert.

Eine andere Eigenheit ist das Verwenden von instabilem und wegfliegendem Plastikgeschirr. Zu jeder Gelegenheit mit mehr als vier Personen werden Teller, Gläser und Besteck aus Plastik verwendet. Um sich den Abwasch zu sparen, sagen die einen.

Faulheit, sagen die anderen.

Vielleicht ist es auch beides.

Das Merkwürdige daran ist nur, dass viele der Befürworter einen Geschirrspüler in der Küche stehen haben und sich eigentlich nicht wirklich über zu viel Abwasch beschweren brauchen. Was sollen nur die ganzen Charedim-Frauen mit ihren durchschnittlich acht Kindern sagen, die oftmals keinen besitzen? Richtig. Gar nichts. Denn insbesondere die nutzen einfach Plastikgeschirr. Manche von ihnen zu allen Mahlzeiten. Vielleicht würde mir die Plastikaffinität auch eher einerlei sein, wenn genau diese Plastik-Charedim-Familien in Jerusalem ihren Müll nicht zu jeder Barbecue-Gelegenheit im Park verteilt liegen lassen würden. An einem späten Donnerstagabend durch den Saker-Park zu laufen, hat nichts von einem Parkerlebnis. Man ist in der Plastikhölle gelandet. Naja, außer man ist eine Raupe der Großen Wachsmotte, dann wäre man im Plastikhimmel. Einmal streikte die Jerusalemer Müllabfuhr. Schnell füllten sich die Straßen mit Müll. Nach knapp zwei Tagen sogar so sehr, dass der ÖPNV völlig zum Erliegen kam.

Doch nicht nur Plastik ist ein wichtiger Bestandteil der israelischen Gesellschaft. Auch das Licht. Jerusalem ist voll von blinkenden Dekorationen, alle paar Wochen findet in irgendeinem Stadtteil Lichtfeste statt. Es macht Freude nachts durch die Straßen zu wandern und die kleinen und großen Kunststücke zu betrachten. Licht besitzt Symbolkraft, Hoffnung. Nicht nur der Schabbat soll über seine gesamte Dauer in Helligkeit erstrahlen. Nie mehr soll es dunkel werden in diesem Land. Und schon gar nicht in dieser Stadt. Diese

Leidenschaft spiegelt sich auch in den Haushalten wider. Dort schaltet man das Licht in den Haupträumen nach Anbruch der Dämmerung so gut wie nie aus. Verlässt man den Raum oder geht schlafen, bleibt die Glühbirne an. So auch in unserer Wohnung. Der Grund klang für mich anfangs wie ein schlechter Witz: Es sei billiger, als die Lampen an- und auszuschalten. Dass dem Kapitalismus die Ressourcen egal sind, ist bekannt. Aber dass dieser auch noch die Menschen für das Verschwenden belohnt, ist wirklich absurd. Ich glaube so langsam, die Menschen haben hier einfach nur Angst vor der Dunkelheit. Kann ich verstehen. Man hat ja schon genug gelitten. Dennoch ergebe ich mich nicht der Widersinnigkeit des Kapitalismus und so bin ich diejenige, die jede Nacht heimlich unser Küchenlicht ausschaltet. Niemand trägt bislang erkennbare Schäden davon. Greenpeace wäre stolz auf mich.

＊

Neulich hielt jemand mit dem Auto neben mir und sagte etwas, das ich nicht verstand. Ich reagierte nicht und lief weiter. Der Mann setzte sein Auto zurück und hielt erneut neben mir. Penetranz ist hier höflicher Umgangston. Ich sah mit hochgezogenen Augenbrauen zum Auto.

Er sagte, er führe nur seinen Hund Gassi.

Ich dachte: ?)§/&§<+#.§/=???

Antwortete aber: »Oh ja, das kenne ich, ich führe meine Hunde auch immer mit dem Auto Gassi.«

Kaum hatte ich meinen Satz beendet stand aus irgendeinem Grund auf einmal tatsächlich ein fellbeladenes Lebewesen neben mir und guckte mich an. Ich wusste nicht genau ob ich mehr von seiner Ehrlichkeit oder der Tatsache selbst irritiert war.

»Ach, du hast auch einen Hund?«, fragte er.

Schade. Ich musste revidieren.

»Bist du jüdisch?«

Cool, meine Lieblingsfrage. Und es hat ganze zwei Sätze gedauert, bis sie gestellt wurde. Aber wenn es darum geht durch das jüdische Raster zu fallen, gebe ich mir so gut es geht Mühe, schon im Vorfeld eine Enttäuschung zu sein. Dann gewöhnen sich meine Mitmenschen gleich daran, ihre religiöse Messlatte bei mir nicht so hoch zu legen.

So antwortete ich kurz und knapp: »Nein, sorry.«

»Ach, das macht nichts, vielleicht kann ich ja daran arbeiten.«

»Ähm, was bedeutet das denn? Was willst du denn machen? Mich mit deinem Sukkot-Strauß bewedeln?«

Baal Chaim – Tierisches Jerusalem

Meine Nachbarn im Haus gegenüber haben eine Katze. Das verwundert mich immer wieder. Es ist ja nicht so, dass es ausreicht wenn tausend Katzen draußen auf einem Quadratzentimeter wohnen und sich dann noch immer streiten. Es müssen dann noch pro Wohnung mindestens drei sein. Man sagt, der Grund für so viele Katzen in Israel seien die Briten. Die haben die Tiere nämlich während ihrer Mandatszeit aus Europa mitgebracht, um der Mäuseplage entgegenzuwirken. Ich kann mir das gut vorstellen. Die Briten waren schon immer gut darin, Unangenehmes in ihrer näheren und ferneren Umgebung zu eliminieren. Irgendwann haben sie das Gebiet aber verlassen und ließen die stetig anwachsende Zahl an Katzen als Geschenk da. Vielleicht als Entschuldigung dafür, dass sie aus strategischen Gründen sowohl der palästinensischen als auch der jüdischen Seite Land versprochen hatten. Oder man erhoffte sich, dass die Flauschbälle beide Parteien zusammenbringen. Möglicherweise dachte man aber auch gar nicht darüber nach. Die Briten haben jedenfalls ein Katzenland geschaffen. Als ob man hier nicht schon genug merkwürdige Kulte hätte.

Die Katze meiner Nachbarn jedenfalls ist weiß und hat einen schwarzen Oberlippenschnurrbart. Sie klettert heraus auf das Fensterbrett. Neugierig blickt sie auf die Welt, springt aber nicht in diese, weil ihre Besitzer im obersten Stock wohnen. Deswegen macht sie wohl andere komische Dinge. So starrt sie manchmal stundenlang in mein Zimmer. Sie sitzt einfach nur da und guckt. Irgendwas stimmt mit diesem Wesen nicht. Ich würde gern wissen, was ihr durch den Kopf geht, wenn sie meinen Raum und mich anstarrt. Vielleicht irgendwas mit Weltherrschaft. Immerhin hat dieses Wesen einen Oberlippenbart. Und da Pinky und Brain hier schon lange aus der Welt geschafft sind, wäre es wohl an der Zeit. Mir ist das jedenfalls zu gruselig. Ich lasse dann immer die Rollläden runter. Denn man kann sich sicher sein: Wenn es einen Ort auf der Welt gibt, an dem Katzen zu Superkräften gelangen können, dann ist das ja wohl Jerusalem.

Während Katzen eine relativ neue Erscheinung im Gelobten Land sind, gehören Raben schon immer zum Repertoire. Einmal ging ich mit einem Anhänger des Rabbi Nachman in der Altstadt spazieren. Rabbi Nachmans Anhänger sind witzig. Sie fahren mit lauter Trance-Musik durch die Straßen und steigen an jeder roten Ampel aus, um zu tanzen. Sie lieben es bunt und laut und nehmen auch gern Drogen. Der berühmte Rabbi aus Uman, in der heutigen Ukraine liegend, sagte einst, dass es im Leben darum gehe glücklich zu sein. Dies nehmen seine Anhänger sehr ernst. Bei unserem Spaziergang begab ich mich in Gegenden der Altstadt, die ich noch nie gesehen hatte und hörte den Erzählungen des Mannes zu. Die Geschichten trugen sich in Gassen zu, in die sich keine Touristen verlaufen. Wir kletterten einen Turm hinauf und betrachteten die Altstadt bei Nacht. Später gelangten wir an eine Grünfläche mit einer Bank, von der man einen wunderbaren Blick auf die Altstadt und darüber hinaus hat. »Dieser Ort«, sagte der Mann, »war der Lieblingsplatz von König David.« Oft sei er dort hingekommen um stundenlang nachzudenken. Manch einer sagt, es sei der Ort, an dem sich König David Gott am nächsten fühlte und ihn um Rat bei schwierigen Entscheidungen fragte. Tatsächlich hatte der Platz etwas Magisches. Der Mann in dem schwarzen Umhang erzählte weiter, dass das Lieblingstier des einstigen israelitischen Königs Raben waren. Raben verkörperten für ihn Eleganz, Klugheit und Tradition. Sie sind königlich, so, wie er es selbst eben war. Mit dem Tod Davids verblasste die Bedeutung des Ortes und keinem seiner Nachkommen war es möglich eine solche Bindung aufzubauen. Nicht zu dem Ort, nicht zu Gott. Doch die Raben vergessen nicht. Um König David zu ehren und zu betrauern, versammeln sich bis heute jeden Morgen zahlreiche von ihnen an dem Platz. Der Mann und ich unterhielten uns an diesem Ort die ganze Nacht über Gott und die Welt. Und es stimmt. Im Morgengrauen suchten tatsächlich unzählige Raben das Rasenstück auf und es schien, als veranstalteten sie eine Zeremonie.

*

Eines sehr frühen Morgens kam ich nach Hause und war dabei, unseren Vorgarten zu betreten. Nur wenige Schritte trennten mich vom ersehnten Schlaf als aus dem Nichts heraus ein Mann meines Alters, bepackt mit gefühlt einhundert Zeitungen, grinsend aus fünf Millimeter Entfernung »Boker tov!« in mein Gesicht brüllt. Guten Morgen.

Als ob ein Morgen dadurch besser wird, dass man sich ihn aus nächster Distanz zuschreit. Aber ich war zu schwach, um mich zu echauffieren und im Grunde ist es ja auch höflich, sich zu grüßen. Ich entgegnete also mit einem müden Lächeln und energielosem »Laila tov«, Gute Nacht, und schlurfte langsam an ihm vorbei, um in der Dunkelheit des Treppenhauses zu versinken. Doch wurde es auf einmal hell. Moooment. Habe ich etwa aus Versehen im Halbschlaf Gott rezitiert und »Jehi or«, »Es werde Licht«, gerufen? Meine Augen taten weh und ich war für eine Sekunde irritiert von dieser neuen Perspektive. Ich drehte mich um. Der junge Mann stand immer noch – oder schon wieder – grinsend da. Nun verstand ich auch, dass nicht ich für die Erleuchtung zuständig war, sondern der Zeitungsträger. Er hatte einfach den Lichtschalter betätigt. Puh. Wenigstens denke ich im Halbschlaf nicht noch ernsthaft, ich sei Gott. In solchen Augenblicken bin ich immer besonders froh, wieder einen Tag geschafft zu haben ohne in Ledersandalen schräg vor mich hinzubabbeln. Noch halb blind nickte ich ihm dankend zu. Was sollte ich auch sagen. Ich war überwältigt von so viel Höflichkeit.

Der Mann rief mir noch etwas hinterher. Und weil ich erschöpft sehr langsam bin, verstand ich seinen Satz auch erst tausend Sekunden beziehungsweise vier Stufen später.

Er bot mir eine seiner Zeitungen an. Ich sagte zu.

»Wirklich?«

Bücherwurm

Seit einigen Wochen sehe ich regelmäßig einen alten Mann. Er geht schon leicht gebückt und ihn kleiden stets dieselben Sachen: eine karierte rot-dunkelblaue Mütze, eine graue und viel zu große Jacke, darunter ein blaues Hemd sowie eine hellgraue Anzughose. Auch diese ist mindestens drei Nummern größer als er selbst. Er trägt eine sehr große Brille und in seiner Hand befindet sich immer ein heller Stoffbeutel, der mit einer kleinen Flasche Wasser und mehreren Büchern gefüllt ist. Mir fiel der Mann zum ersten Mal auf, als er in den Bus einstieg, der zur Nationalbibliothek fährt. Es war einer der heißesten Tage des Sommers. Ich fragte mich, ob ihm unter seiner Jacke nicht zu warm sei. Doch er schien immer sehr zufrieden mit seiner Wahl. Wenn der Mann nicht den Bus zur Bibliothek nimmt, schlendert er durch unsere Nachbarschaft und scheint dabei immer auf der Suche nach Büchern zu sein. Schon ein paar Mal konnte ich beobachten, wie er am Straßenrand stehend die herausgelegten Bücher an sich nimmt, sie studiert und wenn sie ihm gefallen, in seinen Beutel packt. Abends, wenn ich jogge, sehe ich ihn manchmal im Park bei schwachem Licht lesen. Er greift jedes Buch so sorgsam an, als wäre es ein Schatz. Und sein behutsamer Umgang mit Büchern ist auch der Grund, warum mir dieser Mann so auffällt.

Denn die Leidenschaft zum geschriebenen Wort erinnert mich an Petr. Petr ist für mich einer der bewundernswertesten Menschen, denen ich bisher in meinem Leben begegnet bin. Das erste Mal traf ich ihn bei meinem Engagement im jüdischen Altersheim in Prag. Jeden Mittwoch gibt es dort Kaffee, Kuchen oder Tee. Petr war kein Bewohner des Hauses, doch kam er jede Woche vorbei und ich kannte keinen

Menschen dort, mit dem er nicht jede Woche einen kurzen Plausch hielt. Er besaß ein sehr fröhliches Wesen, war trotz seines hohen Alters aktiv und liebte es an Wochenenden zu wandern. Es verschlug ihn an jeden denkbaren Ort rund um Prag. Besonders mochte er die Aussichten auf die Stadt und auf das Umland. Er liebte Hügel und Berge. Außer im Winter. Im Winter hatte er Angst zu fallen und sich zu verletzen. Da blieb er am Wochenende meist zu Hause.

Auf seinen Wegen begleitete ihn stets ein Buch. Er war ein Bücherwurm, las ununterbrochen und kannte neben den Klassikern jedes tschechische und deutsche Buch seiner Generation. Er liebte es, seine Leidenschaft mit Menschen zu teilen und war offen für literarische Inspirationen zeitgenössischer Literatur. Wir wurden gute Bekannte. Ich begleitete ihn jeden Freitag und Samstag zur Synagoge und bei unserem wöchentlichen Mittagessen erzählte er mir viel über seine neuen literarischen Errungenschaften. Wir sprachen aber auch über die Autoren selbst und deren Biographien. Schnell merkte ich: Für Petr waren Bücher mehr als nur ein Kulturgut. Ohne dass er es je mit nur einem Wort erwähnte, spürte ich, dass insbesondere deutschsprachige Bücher Sinnbild seiner Vergangenheit waren: seiner Herkunft, seiner Identität. Die meisten tschechischen Juden wuchsen vor dem Krieg bilingual auf. Viele sprachen Deutsch wie ihre eigene Muttersprache. Anerkennung brachte es ihnen in dem gesellschaftlich geteilten Land nicht. Dabei waren sie die Brücke für ein gemeinsames Miteinander. Doch wie so oft in der Geschichte war das Gegenteil Realität. Von den Deutschen als illoyal und »undeutsch« bezeichnet, verachtet und erniedrigt, von den Tschechen als Kollaborateure der Deutschen angesehen, entlud man den ganzen Hass auf sie. Der Riss zwischen beiden Gesellschaften war größer als der Wille zum Frieden.

Mit der Literatur verband Petr trotzdem eine Zeit, in der noch alles in Ordnung schien und die schönste in seinem Leben war: seine Kindheit.

Liest Petr heute Stefan Zweig so ist es der Zugang zu dieser Zeit und zu seiner verlorenen Familie. Der Schlüssel zu einem Tor, durch das er immer gehen kann. Niemand war fähig ihm das zu nehmen, auch wenn man ihm alles lieb gewonnene schon vor langer Zeit entrissen hatte. Petr sprach nie über seine Vergangenheit. Mit keinem Wort, kein einziges Mal. Ich erfuhr von der Frau des Rabbiners, dass er nach der Shoa alleine blieb. Außer Freundschaften pflegte er keine innigen Beziehungen. Wohl auch aus der Vorsicht heraus, dass man ihm nicht noch einmal alles nehmen konnte. Einen erneuten Verlust hätte er nicht verkraftet. Gerne hätte ich ihm gesagt, wie sehr mich das Wissen darum schmerzt. Doch niemals hätte er das zugelassen, denn er war ein zukunftsgerichteter, optimistischer Mensch, der das Jetzt mit Frohsinn füllen wollte, so lange es ihm noch möglich war.

Israel ist eine Buchgesellschaft. Die antiken Buchläden der Stadt zieren unzählige literarische Schmuckstücke und die Nationalbibliothek bietet alle paar Monate ihre Mehrfachexemplare zum Verkauf. Braucht man in Israel ein Buch nicht mehr oder verstirbt jemand, landen die noch so alten Bücher nicht im Müll. Hier werden keine Bücher wegschmissen – und erst recht nicht verbrannt. Man spendet sie an Läden, legt sie in einer Box vor das Haus oder stellt sie in eine der zahlreichen offenen Bibliotheken. Es gibt ganz wunderbare Ecken im Freien, kleine blumige Parks oder grüne Gegenden, in denen sich frei zugängliche Bücherregale mit

Literatur für jeden Geschmack befinden. Einfach so. Für den Fall, dass man zwischen seinen Besorgungen mal eine Lesepause einlegen möchte. Man wird an das Entschleunigen erinnert und daran, wie wertvoll literarische Inspiration ist. Hier wird Niedergeschriebenes behandelt, wie es nur einer Wissens- und Kulturgesellschaft gebührt. Der größte Teil meiner Bibliothek ist noch in Deutschland. Doch konnte ich hier schon einige Bücher ansammeln. Eines Abends war ich auf dem Weg nach Hause. Ich traute meinen Augen kaum als ich auf einmal am Straßenrand einen Berg voller Bücher sah. Es müssen hunderte, vielleicht sogar über tausend, gewesen sein. Ich blieb stehen. In dem Berg wuselte schon ein religiöser Mann meines Alters.

»Es ist erstaunlich, welch wertvolle Werke hier liegen«, sagte er.

Ich kniete nieder und begann ein Buch nach dem anderen anzusehen. Und es war wirklich erstaunlich. Diese ehemalige Bibliothek bestand aus hebräischen, deutschen, englischen und französischen Werken. Thematisch reichten sie von meinem Hobby der Sternkunde über Kunst bis hin zur Religion, kurz: von Einstein bis Graetz.

»Offensichtlich ist jemand gestorben und die Nachfahren konnten mit den meisten Werken nichts anfangen«, sagte der Mann. Ich nickte während ich stöberte. Als ich fertig war, war es schon spät. Ich machte mich mit einer stattlichen Ladung auf den Weg nach Hause. Dort angekommen, blätterte ich jedes einzelne Buch durch. Auf manchen Seiten befanden sich noch Notizeinlagen. Auf anderen waren Passagen unterstrichen. Die Bücher bekamen eine Persönlichkeit und mir schossen sogleich unzählige Fragen durch den Kopf: Was ist die Geschichte hinter dieser Literatur und was sagt uns das über den ehemaligen Besitzer? Wie erreichten all diese unterschiedlichen Werke das Land? Es war mittlerweile tief in der Nacht. Ich wusste, dass die Suche nach einer Antwort vergebens bleiben würde. Doch erzählen Bücher eine Geschichte – und manchmal ist allein der Besitz ein Statement.

Ich erreichte das letzte Buch meines gesammelten Stapels. *Albert Einstein »Mein Weltbild. Humanität – die höchste Pflicht«.* Erstdruck 1934.

Ich lächelte müde.

Welch präzise und zeitlose Aufforderung. Wäre Humanität damals nur unsere Handlungsbasis gewesen, dann hätten Menschen wie Petr sicher ein ganz anderes Leben geführt. Wäre Humanität heute Priorität, wäre der psychische und physische Terror hinfällig. Und würde Humanität uns fortwährend prägen, dann könnten wir vielleicht endlich das Leben so gestalten, wie auch die Welt in ihrer Struktur geschaffen ist: vielfältig und schön.

*

*Ich traf mich mit Freunden in einer Bar. Als ich das Lokal
betrat, begrüßte mich das Lied »Neuruppin« von KIZ. Über die
Tatsache wirklich Deutschrap in Jerusalem zu hören, musste
ich schmunzeln. Ich setzte mich an den Tresen und bestellte mir
ein Getränk. Bei dieser Gelegenheit fragte ich den Barkeeper,
ob er denn überhaupt wisse wo Neuruppin liegt und was das
denn so für ein Ort ist. Der Mann, der gerade Eiswürfel ins
Glas füllte, verneinte meine Frage.*

Das sprach für ihn.

*»Neuruppin ist eine Kleinstadt nicht so weit weg von Berlin«,
erklärte ich kurz.*

*Er runzelte die Stirn und schwieg. Meine Antwort schien ihn
nicht beeindruckt zu haben. Ich konnte es ihm nicht verübeln.
Während er den Likör aus dem Schrank nahm und in mein
Glas kippte, hakte er nach.*

»Gibt es da viele Hurensöhne, oder was?«

»Ja«, sagte ich, »und Nazis.«

Er lächelte.

»Naja, die gehören ja zur selben Familie.«

Palmach – Die Landesgründer

Ich gehe nicht gern ins Kino und kann auch darüber hinaus mit der Kunstform Film nichts anfangen. Früher sagten meine Lehrer, ich solle unbedingt Schauspielerin werden. Heute meinen die Leute vor allem, ich erinnere sie an Uma Thurman oder Cate Blanchett (beides Namen, die ich erst einmal googeln musste). Als ich das letzte Mal im Kino war, sah ich den berüchtigten Tarantino-Film *Inglourious Basterds*. Davor war es *Titanic*. Nicht nur wegen dieser äußerst geringen Anzahl an Kinobesuchen erinnere ich mich so genau. Auch, weil jeder auf seine eigene Art ein wahres Erlebnis war. Während ich mir bei *Titanic* im Alter von zwölf fast die Augen ausgeheult habe, waren die Zeiten des Weinens zum Release von *Inglourious Basterds* lange vorbei. Der Film war erst drei Tage draußen und die Reihen des Leipziger Kinos fast bis auf den letzten Platz gefüllt. Das Publikum bestand hauptsächlich aus Menschen der linksradikalen Szene, die sich dazu entschieden hatten, mal gebündelt ins Kino zu gehen, statt auf einer Demonstration herumzuhängen. Bezugsgruppenausflug eben. Anstelle von Demosprüchen hörte man während des Films lautes Klatschen als Nazis starben, nach der Todesszene von Hitler warf man mit Konfetti um sich und freute sich so, als wäre der Krieg tatsächlich in diesem Augenblick erst zu Ende gegangen. Ich kann es nicht verübeln.

Es müssen Jahre vergangen sein als ich auf einen Zeitungsartikel stieß, der mit der Überschrift »Der wahre ›Inglourious Basterd‹ heißt Chaim Miller« betitelt war. Und tatsächlich. Was ich für ein grandioses Hirngespinst Tarantinos gehalten hatte, wies Parallelen zur geschilderten Biographie dieses

Mannes auf. Im Jahre 1938, im Alter von nur vierzehn Jahren, verließ Chaim Miller sein sozialistisches Elternhaus und ging nach Palästina. Europa verwandelte sich nur wenig später in einen Kriegsschauplatz und man befürchtete, Rommel könnte es bis zum britischen Mandatsgebiet schaffen. So trainierten die Neueinwanderer für den Verteidigungsfall. Als die Briten an der italienischen Grenze gegen die Deutschen kämpften, schlossen sich Chaim und andere dem britischen Militär an. Kurz nach dem Krieg übte er mit Hilfe von Partisanen Rache und brachte einige Nazis zur Strecke. In dem Artikel war auch von einer Dokumentation die Rede, die ich mir sofort ansah. Mir fiel gleich Chaims ansteckend positive Erscheinung auf. Sein Wesen war unglaublich witzig und lebensfroh. In Israel erzählte ich einem Bekannten von Chaim und seiner Biographie. Einen Tag später sendete er mir dessen Telefonnummer mit dem Vermerk, ich solle mal hinfahren. Ich nutzte die Chance und begann eine Reise von umgerechnet hundert Busfahrten. Fast angekommen, inmitten des Landes, auf einer Umsteigekreuzung hörte, fühlte und sah ich alle paar Minuten Kampfflugzeuge über meinen Kopf hinwegsausen. Man macht sich keine Vorstellungen wie viele Flugplätze dieses kleine Land besitzt. Nur wenige Augenblicke später erreichte ich das Dorf und verliebte mich auch sogleich in den Ort. Kfar Menachem, ein Kibbutz, das trotz seiner kurzen Existenz eine beachtliche Geschichte vorweisen kann: 1935 gegründet, wurden die jüdischen Einwanderer wenig später von Arabern vertrieben und der Ort zerstört. Auch eine erneute Besiedlung hielt sich nicht lange. Erst mit der sozialistisch-zionistischen Organisation HaSchomer HaTzair (der junge Wächter) war es möglich, dort eine dauerhafte Stätte für Einwanderer zu etablieren. Alte, sozialistische Architektur und Kunststücke erinnern an das Wesen der zionistischen Idee und zeichnen eindrucksvoll dessen Charme. Noch immer gibt es ein gemeinschaftliches Cheder Ochel, Esszimmer, ein großes Veranstaltungsgebäude und daneben ein kleines Freibad. Figuren und Kunststücke aus Metall schmücken die Wege und Gärten. Bis heute hat das Kibbutz seinen Arbeitsschwerpunkt in der Metallindustrie. In Kfar Menachem lassen sich nicht nur tiefe Spuren der Kibbutz-Tradition wahrnehmen, sondern auch dessen bescheidener Charakter. Ein Ort voller alt-zionistischer Bilderbuchromantik.

Genau mein Geschmack.

Ich erreichte das Haus von Chaim Miller. Es dauerte eine Weile bis ich seine Wohnung fand, denn wie es die sozialistisch-zionistische Idee wollte, wohnte jedes Kibbutzmitglied in einem gleich aussehendem Haus. Unmöglich da jemanden ohne Nachfragen zu finden. So plauschte ich erst einmal mit dem halben Dorf, bevor ich mich letztendlich in Chaims Wohnzimmer wiederfand. Er hatte Kekse auf den Tisch gestellt. Und Schokolade. Dazu bot er ein Getränk an. Es erinnerte mich alles an meine Kindheit in den frühen Neunzigern. Das Leben in diesen wenigen Quadratkilometern war strukturell stehen geblieben, während es inhaltlich unermüdlich und fröhlich weiterging. Chaim Miller fing an zu erzählen und begann bei seiner Anfangszeit im Kibbutz. Nach dem Ende des Zweiten Weltkrieges, war er vom Norden in dieses Kibbutz gezogen, vor allem, weil es an Menschen mangelte, sagte er. Er half dabei ein Land zu errichten, von dem man bislang nur sprach, wenn man visionierte. Man war dabei, das bis dahin Unvorstellbare wahr zu machen.

Allerdings war es dieser jungen Nation nach der Shoa nicht einmal zwei Jahre lang gegönnt, in Frieden zu leben. Noch hoch traumatisiert vom Geschehen, stand nun die strukturelle – und damit nationale – Existenz auf dem Spiel; es ging um die Unabhängigkeit des jüdischen Staates. Die Tinte des UN-Teilungsbeschlusses war kaum getrocknet als sechs arabische Länder Israel den Krieg erklärten. Chaims Leistung in dieser Auseinandersetzung ist nicht weniger beeindruckend als alles, was er vorher getan hatte. Zwischen Limo und Keksen erzählte dieser stets lächelnde Mann von seiner Aufgabe, das Kibbutz zu schützen. Er war der einzige Kampferfahrene in der Gegend. Alle andere Kräfte waren an verschiedenen Orten des Landes gebündelt. Die Sicherheit und somit auch die Existenz des Ortes lag in seinen Händen. Als der Konflikt auch seine Gegend erreichte, machte man den dort lebenden arabische Menschen das Angebot, ihre Waffen abzugeben, um eine friedliche Koexistenz zu ermöglichen. Fast alle entschieden sich für Waffen und gegen Frieden. Sie waren sich sicher, dass Juden, deren Ausstattung aus kaum mehr bestand als wenigen Waffen, einen Krieg gegen sechs arabische Großmächte nicht gewinnen könnten. So verließen sie ihr Zuhause. Freiwillig. Außer einer. Er gab seine Schrotflinte ab, blieb und pflegte über all die Jahre ein kooperatives Verhältnis zu seinen jüdischen Nachbarn. Bis heute. Die ägyptische Armee besetzte schließlich einen nahe gelegenen Hügel und platzierte sich in Blickrichtung auf das Dorf. In Kfar Menachem wartete man nur darauf, dass die Armee mit ihren Panzern den Ort niederrollen würde. Chaim schilderte von den organisierten Tages- und Nachtwachen und davon, dass ihnen manchmal nicht mehr blieb außer ihrem Überlebenswillen und der Hoffnung. Als nach einer Zeit nichts geschah fasste man den Plan, die Ägypter anzugreifen. Das hörte sich für mich eher nach einer lebensmüden Schnapsidee als nach einem Plan an. Und das war es im Grunde wohl auch. Mit dem einzigen Unterschied, dass alle hoffnungstrunken genug gewesen sein müssen, um sie in die Tat umzusetzen. So blieben die Frauen an den Wachposten zurück und die Männer zogen auf den Berg. Die Ägypter waren so sehr darauf konzentriert, die Gegend nach vorn zu überwachen, dass sie die Rückseite des Hügels vernachlässigten. Mit einem Angriff einer Gruppe schlecht bewaffneter Juden, hatte die Armee mit ihren schweren Militärfahrzeugen und Kanonen nicht gerechnet. Bei diesem Gefecht starben zwei Menschen des Ortes, doch die Ägypter mussten ihre Stellung aufgeben.

Nachdem das kleine und junge Land es geschafft hatte, seinen starken Überlebenswillen unter Beweis zu stellen, übertrug man Chaim die Sicherheitszuständigkeit im Kibbutz. Vierzig Jahre lang sorgte er dafür und widmete sich nebenbei seiner Leidenschaft, der Metallarbeit. Der heute mittneunzigjährige Mann ist ungetrübt und liebt das Leben. Ihn kennzeichnet eine erstaunliche Loyalität zu seinem Umfeld, er opferte sich nicht nur im Kriege für andere auf. Als seine Frau Alzheimer bekam und im Heim gepflegt werden musste, besuchte Chaim sie jeden Mittag, um mit ihr gemeinsam zu essen. Ganze zehn Jahre lang, bis sie starb.

Wenn es für mich einen Begriff von Heldenhaftigkeit gibt, dann wird er genau durch ihn verkörpert. Chaim Miller hat trotz seiner schweren Verluste niemals an seinem eigenen Lebenswillen gezweifelt und kreierte dadurch etwas ganz wunderbares: Das Leben selbst.

✳

Israel ist eine notorische Ordnungswidrigkeits- und Regelver-
letzungsgesellschaft. Jede Person überquert eine Ampel, so
gerade kein Auto kommt, bei rot, und hat dabei drei Kinder
an der Hand. Steht an einem Fenster groß in roten Buchstaben
»Bitte nicht öffnen!«, ist genau dieses Fenster dafür zuständig,
dass Luft in den Raum kommt. Weisen Schilder an Plätzen auf
ein Rauch- oder Telefonierverbot hin, sieht man mindestens
zwei Menschen, die gerade an einer Zigarette ziehen und da-
bei ihr Handy am Ohr haben. Die Füße samt Schuhe werden
trotz Verbotsaufkleber auf Bus- und Bahnsitzen abgestützt.
Zudem parken so ziemlich alle Autobesitzer – und das sind
hier tatsächlich fast alle Israelis – wie, wo und in welcher Rich-
tung sie wollen. Soll man am Bankautomaten oder an einem
Schalter mit Hilfe einer Haltelinie Diskretion bewahren, steht
garantiert nur drei Zentimeter hinter einem der Nächste.

Gesellschaftlichen Regeln begegnet man hier mit Wider-
stand, denn Widerstand bedeutet Freiheit. Immerhin sind die
Zeiten vorbei, in denen man sich von Autoritäten sagen lässt,
was zu tun oder zu lassen ist.

Avoda – Arbeiten

Eines Nachmittags sendete mir ein Bekannter eine Ausschreibung zu. Gesucht wurde eine deutsche Muttersprachlerin für ein Projekt, das nicht näher beschrieben wurde.

Ich mag mysteriöse Ausschreibungen. Da hat man immer das Gefühl, dass es sich um eine ganz besonders seriöse Firma handelt. Es ist nicht so, dass ich gerade einen Job suchen würde. Immerhin habe ich nicht mal eine Arbeitserlaubnis und ich werde gewiss alles andere machen, als mich mit Israel anzulegen. Denn das bedeutet in diesem Land auch zugleich, dass ich mich mit HaSchem anlege und niemand hat Lust auf Beef mit Gott. Der lässt einen dann sicher für den Rest des Lebens auf Bananenschalen ausrutschen. Aber sicherlich hat er nichts dagegen, wenn ich mal austeste, wie weit ich hier komme. Zum Glück hatte ich noch nicht darüber nachgedacht, wann ich denn mal anfangen will, meine Bachelorarbeit zu schreiben, denn nun hatte ich auch genug Zeit, dort anzurufen. Das tat ich auch und nur wenige Tage später fand ich mich in der Unternehmenszentrale nahe Tel Aviv wieder.

Tel Aviv und die gesamte Gegend nennt man hier übrigens Merkas, Zentrum. Geographisch betrachtet finde ich das genauso witzig wie zu ganz Sachsen-Anhalt, Thüringen und Westsachsen Mitteldeutschland zu sagen. Oder wenn Menschen Tschechien als Osteuropa betiteln.

Ich reise also in eine dieser typisch jungen Städte, die aus tausenden Hochhäusern besteht. In Häusern mit mehr als sieben Stockwerken verirre ich mich immer. Ich schiebe das immer darauf, dass ich überwiegend in Städten mit Barock-Architektur gewohnt habe. So kam es auch, dass ich einige

Minuten vergeblich die Empfangsdame einer offensichtlich völlig anderen Firma davon zu überzeugen versuchte, dass ich da jetzt einen Termin habe. Sie erledigte ihren Job jedoch sehr gut und verwies mich mit einem Lächeln der Tür. Dabei gab sie mir, höflich wie sie war, den Tipp, es einmal drei Stockwerke höher zu versuchen und das Abbiegen nach links nicht zu vergessen. Ich folgte ihrem Rat und erreichte eine Glastür, die von einer anderen, ebenso gut aussehenden Dame geöffnet wurde. Mir wurde in diesem Augenblick wieder bewusst, dass Israel für mich eine der schönsten Gesellschaften der Erde ist.

Die Frau meines Alters begrüßte mich, als ob wir uns schon länger kennen würden und bot mir ein Getränk an. Aus irgendeinem Grund war ich mir noch immer nicht sicher, ob ich eigentlich richtig war, aber fragte lieber schon einmal nach Wasser, nur für den Fall, dass ich noch weitere Stockwerke überwinden muss. Ich war gerade dabei mich in dem Vorderraum hinzusetzen und beim Umgucken auf mein Wasser zu warten als mich die Frau in ihren hohen Stöckelschuhen und rotem Blazer allerdings von meinem Plan abhielt und anzeigte, ich solle mitkommen. Ich folgte ihr über den Gang. Vorbei an einem offenen Büro sah ich das Firmenlogo und war nun gewiss, die Dame von unten hatte mich richtig beraten. Wir erreichten die Küche. Es war eine richtige Küche, mit allem, was man kennt. Dort angekommen gab sie mir eine zweisekündige Einweisung und ging. Da stand ich nun etwas perplex. Ich kenne den Laden keine fünf Minuten und darf mich schon wie Zuhause fühlen. So viel Vertrauensvorschuss wird einem in Deutschland nicht zugesprochen.

Doch ich verstand sie sehr gut. An ihrer Stelle hätte ich auch besseres zu tun als mit jedem daherbestellten Termin Zeit zu verbringen.

Ich ließ mir also selbst gekühltes Wasser in den Plastikbecher laufen und nutzte auch gleich die erhaltene Freiheit, mir einen Kaffee einzuschenken. Bepackt mit beiden Getränken schlenderte ich wieder zu meinem anvisierten Platz im Vorraum. Dabei grüßte ich die mir entgegenkommenden Menschen so, als würde ich bereits für immer zum Team gehören.

Nach einer Weile kam die Projektleiterin und stellte sich vor. Auch sie zeigte mir sogleich an, ich solle ihr folgen und so gingen wir gemeinsam den Gang zurück und betraten ein winziges Büro ohne Fenster. Dort war es eisig. Das Thermostat zeigte achtzehn Grad an. Manchmal frage ich mich, ob sich Israelis heimlich wünschen in Island zu wohnen. Es ist ganz gleich ob Bus, Bahn, Bibliothek oder sämtliche andere Räume. Alles ist unterkühlt. Bei jeder Gelegenheit. Zum Glück habe ich mir einen warmen Kaffee eingeschenkt. Bevor auch nur länger als drei Minuten mit mir gesprochen wurde, sollte ich einen Test absolvieren. Irritierenderweise wurde dieser nach Beendigung nicht ausgewertet, sondern nur gespeichert. Sollten die vor einem Interview nicht lieber einen Blick drauf werfen, ob ich mich nicht eher heimlich aus Island eingeschlichen habe? Mir blieb aber keine Zeit den Gedanken weiter zu verfolgen, denn ich fand mich mittlerweile in einem großen, hellen Büro mit einer Fensterwand wieder und musste konzentriert die Fragen der Dame beantworten.

»Christin, welche Arbeitserlaubnis hast du genau?«

Das geht schon gut los, dachte ich, immerhin steht *No work permitted* fett gedruckt auf der erhaltenen Eintrittskarte der Grenzkontrolle.

»Ehm ... Keine ...?«, antwortete ich etwas zögerlich.

»Hast du denn überhaupt ein Visum?«, fragte mich die Frau mit großen Augen erstaunt.

Die will es aber auch genau wissen.

»Na ja«, sagte ich in dem fröhlichsten Ton, den ich aufsetzen konnte konnte. »Ich habe ein dreimonatiges Touristenvisum.« – Das bekommt hier allerdings jeder, der ins Land gelassen wird und ist nun wirklich keine Leistung.

»Okay also du hast also kein richtiges Visum und demnach keine Arbeitserlaubnis. Das bedeutet, du hast dann auch sicher kein israelisches Konto auf dem wir den Lohn überweisen könnten?«

»Nein, das habe ich nicht. Aber ich kann versuchen eins zu öffnen, wenn das hilft.« Natürlich wusste ich, dass es nicht helfen würde. Ein Tourist kann ganz sicher in Israel kein Konto eröffnen.

»Ohne Arbeitserlaubnis dürfen wir keine Transferaktionen auf ein israelisches Konto vornehmen, aus steuerlichen Gründen. Warte einen Augenblick«, sagte die Dame mit einer für meine Antworten sehr optimistischen Stimme. Sie telefonierte. Währenddessen genoss ich den Blick aus diesem glasigen Hochhaus. Es war sonnig und klar. Ich schaute mir die Wolkenkratzer von Tel Aviv an. Ich versank in Gedanken, kam aber durch das Auflegen des Telefonhörers wieder zu mir.

»Okay«, sagte die Projektkoordinatorin, »wir könnten dich von Deutschland aus bezahlen. Lass uns nächste Woche einfach noch einmal telefonieren.«

Das lief erstaunlich gut. In Deutschland wäre ich sicher schon nach der ersten Antwort samt meiner Getränkebecher im hohen Bogen aus dem Bürokomplex geflogen.

Zur Begrüßung bei meinem ersten Date fielen Komplimente –
vor allem über meine Haare. »Erdbeergold« nannte er sie. Wir
saßen auf der Terrasse eines Cafés.

Er fragte, woher ich komme. Meine Antwort schien ihn zu
enttäuschen, doch wollte er nicht unhöflich sein und sagte:

»Ach, das ist okay, du bist ja eigentlich nicht deutsch, son-
dern jüdisch«.

Oh je. Wie erkläre ich das dem jungen Mann jetzt nur?

Ich begann mit einem vorsichtigen »Ehmmm, nein.« Und
fuhr fort: »Mein Name ist Christin. Ich bin auch nicht mit viel
Fantasie jüdisch. Genauer genommen, gehöre ich nicht mal zu
irgendeinem dieser monotheistischen Clubs.«

Er schaute mich an.

Und schwieg.

So lange, dass es mir wie Minuten vorkam.

Offensichtlich dachte er, ich sei eine Neueinwanderin. Bin
ich ja irgendwie auch. Nur eben anders. Statt mir vor Schock
seine Limo ins Gesicht zu sprudeln, nahm er meine Hand:

»Oh. Okay. Du bist ein Mensch, ich bin ein Mensch ... «

Es brauchte noch eine weitere Minute, bis er realisierend
hinzufügte:

»Aber ... dann ..., dann könnten wir ja gar nicht heiraten.«

Ich: »?!?°ˆ=?=?=)/&%$§"$)(&%§§??«

»Naja«, sagte ich, »wenn man wirklich heiraten will, geht
das doch auf Zypern ganz gut. Das machen doch alle säkularen
Israelis und interreligiösen Paare so.«

»Würdest du denn konvertieren?«

»?!?°ˆ=??!!!!!!!!!!§$%&/()!!!??????«

»Äääh. Das ist eine sehr persönliche Frage. Wir kennen uns seit drei Minuten.«

Am Ende fand er sein Geld nicht. So bezahlte ich eben seine koschere Limo und disqualifizierte mich dadurch endgültig. Eine Schickse, die beim ersten Date den Mann einlädt, verletzte endgültig seine Ehre und holte ihn, bis dahin wohl noch geblendet von meinen erdbeergoldenen Haaren, zurück auf den rauen Boden der Tatsachen.

Mea Shearim, Baby

Ich kann es selbst kaum glauben, aber erst nach fünfzehn Monaten Jerusalem habe ich es geschafft, den berühmten jüdisch-orthodoxen Stadtteil Mea Shearim zu betreten. Für richtige Jerusalem-Fans steht das Viertel wohl schon in den ersten Stunden auf dem Ausflugsplan. Kulturerkundung nennt man das wohl. Ich fand die Idee immer merkwürdig, in einen religiösen Stadtteil zu gehen, um mir wie im Zoo die menschliche Spezies »orthodoxer Jude« in seinem Lebensraum genauer anzuschauen. Und weil mir sonst kein guter Grund eingefallen ist, in diese fremde und irgendwie mysteriöse Welt voller Vorschriften über Kleidung, Benehmen und Religiosität einzutauchen, habe ich es eben sein gelassen. Bis jetzt, an diesem Abend.

Lea und ich waren am Verhungern. Sie erzählte mir, dass sie neulich in Mea Shearim Chamin gegessen hatte und schwärmte von der Köstlichkeit. Ich wusste gar nicht was das ist, aber ich denke, dass Essen ja nun wirklich ein sehr guter Grund ist, mal in andere Welten einzutauchen. Wir kamen von einem der unzähligen kostenlosen Konzerte in der Innenstadt und saßen nun in einer Schrammelpunk-Bar, in der heute wohl aus Versehen Minimal von vor zehn Jahren lief. Hrm, Mea Shearim. Ich schaute an mir herunter. Jeder, der eine ungefähre Vorstellung davon hat, wie streng sich orthodoxe Damen kleiden, weiß, dass bunte Eulen auf viel zu kurzes Kleid gedruckt, auf jeden Fall nicht zum Repertoire gehören. Aber andererseits: Wer hat schon etwas gegen Eulen? HaSchem bestimmt nicht. Denn ihm ist es erst zu verdanken, dass es überhaupt Eulen gibt. Also nichts wie hin da. Wir zogen los und warteten am Bezirksschild, das für mich zugleich das Eintrittstor zur Frömmigkeit symbolisiert, auf eine weitere Person. Ich fühlte mich während des Wartens auf einmal religiös beschwingt. Aber sicherlich will mich das Stadtteilschild, bevor ich eintrete, nur noch bestmöglich koschern. Es dauerte keine drei Sekunden, bis wir allein durch unsere Existenz den vorbeigehenden Männergruppen auffielen. Als ob die frommen Herren noch nie nachts halb eins Frauen alleine, dafür mit neumodischen Smartphones ausgestattet und laut lachend, gesehen hätten, schauten uns einige immer wieder an. Na, na, na, ermahnte ich uns flüsternd. Laut lachende Frauen gehören hier sicher nicht zum Alltag – oder präziser: zur Allnacht. Die in schwarz gekleideten Männer schauten uns natürlich nur so an, dass niemand anderes – und schon gar nicht Gott selbst – es jemals mitbekommen würde. Sie lassen den Blick streifen, wenden sich schnell wieder ab und schauen dann wieder einen kurzen Augenblick hin. Das geht so lange, bis sie hinübergezogen sind. Ich finde es spannend, das zu beobachten. Schon seit einiger Zeit versuche ich auf meinen Wegen das Verhalten männlicher Charedim zu studieren. In manchen ihrer Blicke kann man die unterdrückte Sexualität förmlich greifen. Durch andere Augen ringt ein tief inneliegender Freiheitswunsch. Neulich las ich in einem Artikel, dass es neben den Touristen vor allen Dingen Charedim sind, die sich in Tel Aviv Sex kaufen. Kurz bekam ich einen Schreck: »Hoffentlich denken die nicht, wir sind Sexarbeiterinnen«, sagte ich zu Lea. Denn auch wenn wir keine Körperteile betont hatten oder zeigten, waren wir doch auffällig. Lea kleidet sich grundsätzlich halachisch, wenn auch bunt und frisch, und ich – naja, mich kleideten diese Pacman-ähnlichen Eulen und eine schwarze Strumpfhose. Ich hatte keine Zeit mehr, mich weiter dem

Schrecken und meinem Selbstgespräch hinzugeben, denn der erwartete Begleiter traf ein. Und die kleine Weltreise begann.

Was mir an diesem Stadtteil als erstes auffiel, war der Müll. Es scheint hier Hobby zu sein, Dinge einfach fallen zu lassen. Warum ihn allerdings niemand wegräumt, verstehe ich nicht. Vielleicht passen durch die winzigen Gassen einfach keine lauten Müllautos. Immerhin verstopfen die schon die Straßen in meiner Nachbarschaft. Aber ich bin sicher, dass die Menschen hier in Mea Shearim ihre eigenen Müllautos haben mit frommen Müllmännern. Ebenso, wie der Staat auch sonst eine Ausnahme für sie macht, wie den Militär- oder Zivildienst, den sie nicht machen müssen. Letztens randalierten hunderte Charedim in Jerusalem, als sie sich mit einem Militärdienstverweigerer solidarisierten, der nicht zur Vorladung gegangen war und deshalb von der Polizei abgeholt wurde. Dabei hätte er einfach zu denen sagen können, dass er aus religiösen Gründen kein Interesse am Militärdienst hat. Die schwarz gekleideten Gläubigen waren außer sich vor Wut. Sie schmissen Steine auf Polizisten und beschimpften sie als Nazis. Witzig, dass sich ihr Ausrasten kaum von einer linksradikalen Demo in Deutschland unterschied. Vielleicht sind Charedim ja auch einfach die Punks des Judentums – nur mit mehr Privilegien. Denn neben dem Militär werden sie auch in Fragen der Bildung gesondert behandelt. So schicken Charedim ihre Kinder nicht in Schulen, die einem Mathematik oder Geschichte beibringen. Die meisten haben noch nicht mal etwas vom Holocaust gehört, aber können beliebig aus der Heiligen Schrift zitieren. Es gab erst neulich eine Reformidee, durch die den Kindern zumindest grundlegende Kenntnisse des Rechnens beigebracht werden sollten. Dieses Vorhaben wurde allerdings auf Druck der Orthodoxen wieder zurückgenommen. Und so wird es auch für zukünftige Generationen ziemlich schwer sein, eine Universität zu besuchen und sozial unabhängig vom Staat zu werden. Sicherlich parkt auch noch so lange der Müll ruhig in den Gassen.

Das zweite, was ich wahrnahm, waren die aktiven Männergruppen, die vor ihrer Yeshiva standen oder einfach nur so rumhingen, rauchten, aßen oder spazieren gingen – schlafen Charedim eigentlich nie? Es ist bezeichnend, wie sehr sie ihr Leben in die Nacht verlagern. Man hat das Gefühl, die sind einfach ständig wach. Als ich vor wenigen Jahren mal bei einer sehr traditionellen Familie in der Altstadt wohnte, hatte ich den gleichen Eindruck. Den Mann habe ich nie zu Gesicht bekommen. Auch der Sohn war den ganzen Tag weg. Bis auf einen Abend, als er mit Freunden in seinem Zimmer hing und kiffte – naja, zumindest bis die Mutter nach Hause kam und ihn zusammenfaltete, warum er denn wieder nicht in der Yeshiva sei. Auch sie schien immer auf den Beinen zu sein. Wie machen die das nur?

Als wir den Imbiss erreichten, standen gefühlte zwanzig Männer ungeordnet vor der Theke. Es war schwierig zu erkennen, wer die letzte hereingekommene Person war und wer gerade bestellte. Alle redeten durcheinander. Und der Mitarbeiter unterhielt sich mit dreihundert Leuten gleichzeitig. Das jedoch ist nichts spezifisch Orthodoxes. Es scheint oft so, dass Israelis das Konzept der Reihe bewusst ignorieren. Stattdessen versucht man durch dominantes Verhalten Aufmerksamkeit zu erhalten. So kann es auch schon mal passieren, dass ein anderer beim Bestellen einfach reinquatscht und zu diskutieren beginnt oder dass sich Menschen vordrängeln. Ich bin bei so etwas äußerst anpassungsfähig. Sollte man auch, denn man kann sich sonst sicher sein, sehr lange zu warten.

Zu meinem Bedauern gab es die mysteriöse Speise in dem von uns ausgesuchten Lokal nicht. Ich fragte den Typen, was denn nur los sei, dass man hier nachts kurz vor eins nicht mal mehr Chamin kaufen kann. Die Männergruppe starrte mich an. Manche von ihnen musterten meine Eulen. Dominantes Sprechverhalten kommt in ihrer Welt nicht vor und überhaupt redet eine Frau nicht mal in den allergrößten Notfällen mit einem fremden Mann. So bin ich wohl nicht nur durch mein Outfit ein schräger Vogel. Doch es half nichts, wir zogen weiter. Nur wenige Seitenstraßen weiter trafen wir auf einen anderen, ebenso überfüllten Laden. Darin war es aber sogar mir zu viel. Ich ließ die anderen beiden die Bestellung erledigen und versuchte von draußen das Geschehen zu beobachten. Die frömmigen Jugendlichen benahmen sich wie Kids bei McDonalds. Sie hatten Füße auf den Stühlen und die Tische sahen so zugemüllt aus, wie die Straßenränder des Viertels selbst. Der Chef des Ladens ermahnte die Jugendlichen, sich richtig zu benehmen. Ich musste schmunzeln. Er sah mich an.

»Ohne Anstand!«, sagte ich kopfschüttelnd. Nun schmunzelte er. Mit dem Essen zogen wir wieder durch die Gassen und verließen jenen Stadtteil, dessen Aufgabe die Bewahrung einer Tradition ist, die sich so wohl nur im mittelalterlichen, osteuropäischen Stedtel finden ließ.

＊

Auf einer Geburtstagsfeier kam jemand auf mich zu und lobte mich wegen meiner aschkenasischen Wangenknochen. Ohne meine Reaktion auch nur abwarten zu wollen, drehte er sich um und verschwand in der Menge. Ich hingegen blieb am selbigen Platz stehen. Verdutzt. Und lachte schlussendlich los. Schon öfter fiel mir hier auf, dass es einigen Menschen überhaupt nicht um Kommunikation geht, sondern viel mehr darum, ihre Gedanken loszuwerden.

Everyday is something new odd to keep me lovin'

Kennt ihr das auch, dass man manchmal den Text eines Songs falsch versteht, wundert, nachschlägt, sich aber vom Ergebnis nicht beeindrucken lässt und einfach weiter das falsch Verstandende trällert? Mir geht es jedenfalls so bei dem Lied *Everyday* von Netsky – den ich übrigens auch gerne mal falsch Netski nenne, das klingt irgendwie fresher an so einem heißen Ort wie Israel. Eigentlich hat das Lied keinen komplizierten Text – und erst recht keinen langen. Auf dem spritzigen Drum 'n' Bass-Beat passiert lyrisch nicht viel außer dem sich immer wiederholenden Satz: *Everyday there's something new, Honey, to keep me loving you.* Bis heute verstehe ich weder »honey« noch »you«. Und weil mein Gehirn das nicht so stehen lassen wollte, hat es einfach entschieden, »honey« durch »odd« zu ersetzten und das »you« zu streichen. So lautet die Version nun: *Everyday there's something new odd to keep me lovin'.* Stimmt. Schwuppdiwupp, mein Liebeslied an Jerusalem ist fertig.

Neulich ging ich von der Nationalbibliothek nach Hause. Es war einer der Tage, an denen man vor lauter Hitze vor vier Uhr kaum jemanden auf den Straßen sieht und das Leben erst mit Anbruch der Dunkelheit sichtbar wird. Schon in meinem Stadtviertel angekommen, joggte mir ein Mann entgegen. Ein Frommer, das konnte ich von Weitem an seinem schwarzen Bart erkennen und natürlich an dem Ziziot-Umhang. Bei genauerem Hinsehen allerdings schien dann doch irgendetwas mit ihm nicht zu stimmen. Denn außer diesem Oberkörperumhang bestand sein Jogginoutfit aus:

nichts. Na gut, eine Kippa hatte der Gottesfürchtige noch
auf. Vor lauter Schreck wendete ich den Blick ab. Als er an
mir vorbeigehuscht war und ich mich vergewissern wollte,
dass ich noch keinen Sonnenstich von dem Nachhauseweg
hatte, drehte ich mich um. Auch er tat es. Im selben Moment.
Dabei schaute er mich an als ob ich diejenige sei, die einen
an der Waffel hat. Aber was soll ich auch sagen: Der Fromme
hatte mich beim Starren erwischt. Später am Nachmittag
war ich auf dem Weg in die Innenstadt als sich im Bus eine
ältere Frau mit großer farbenfroher Hornbrille und einem
bunten Schal neben mich setzte. Sie kleidete sich wie diese
älteren Leute, die gut in die Welt der Hipster passen würden.
Ich blickte gerade gedankenversunken aus dem Fenster, als
die Dame mir in einem unhöflichen Tonfall befahl, mich
gerade hinzusetzen. Ich schaute verwundert zu ihr herüber,
genug Platz hatte die Frau – ist denen heute allen zu heiß?
Ich fühlte mich in meine Grundschulzeit versetzt und hörte
meine Klassenlehrerin im mahnenden Ton ähnliches sagen.
Ihr ging es damals um unser Rückgrat, ich gehorchte. Heute
wird mit meinem Rücken nicht mehr viel passieren, außer
wenn ich jemals versuchen sollte eine Brezel zu imitieren.
Nach ein paar Haltestellen wurde ihr langweilig und sie
widmete sich ihrem Smartphone. Ich schaute wieder aus
dem Fenster. Wir passierten eine winzige Reinigungsfirma
oberhalb einer Hauptstraße. Oft fahre ich hier entlang. Der
Inhaber dieses Ladens muss schon so lange leben, wie die
Mauer der Jerusalemer Altstadt existiert. Trotz seiner vielen Falten und seiner gebückten Haltung, hat er so einen
zufriedenen Gesichtsausdruck, dass man, auch ohne ihn zu
kennen, sehen kann, mit welcher Leidenschaft er lebt. Das
Erstaunliche ist, dass der alte Mann jedes Mal, wenn ich
dort vorbeikomme, aus etwa zehn Zentimetern Entfernung

mit seiner Fernbedienung versucht das Radio einzuschalten. Sollten wir uns also nicht zufällig in einer Zeitschleife befinden, stellt sich mir die Frage, wie lange der Mann dort ständig steht – und vor allem, warum er das Radio nicht einfach manuell einschaltet.

Als ich nachts durch den Park nach Hause lief, sah ich von Weitem einen Mann meines Alters hinter einem Baum stehen. Er trug Sportklamotten und war sicherlich jede Sekunde bereit sich zu bewegen. Doch je näher ich kam, desto mehr sah ich, dass er seinen Arm horizontal hielt und sich darauf etwas befand. Anfangs nur Umrisse, aber schon nach wenigen Schritten erkannte ich deutlich einen Papagei. Alles klar. Kurz vor Mitternacht an einem Dienstagabend führt man also sein beflügeltes Tier aus. Ich schüttelte kurz den Kopf, als würde ich meinen Augen nicht trauen. Tat ich auch irgendwie nicht. Aber der Papagei saß da und war real. Der Mann fing an zu lachen und sagte »Äh, ja, ich weiß auch nicht, wem der gehört.« Ich zog lächelnd, fragend und verwundert meine Schultern nach oben. Ich hatte Lust auf einen Energydrink und machte einen kleinen Umweg über einen 24/7-Laden. Doch jedes Mal, wenn ich das Ding aufsuche, stehe ich vor geschlossenen Türen. Ich musste über die Tatsache, dass ein Vierundzwanzig-Stunden-Shop erst in sieben Stunden wieder öffnet, lachen. Ein neues Lied erklang in meinen Kopfhörern.

»Everyday, there is something new odd to keep me lovin«.